Österreich

W0471252

AUTORIN: KARIN HAUENSTEIN-SCHNURRER | FOTOS: JÖRN RYNIO

Praxistipps

Extra

Rezepte

Die österreichische Küche – eine Genusswelt

Der deutsche Dichter Ch. F. Hebbel beschrieb Österreich als »kleine Welt, in der die große ihre Probe hält«. Was dort gelingt, funktioniert auch anderswo.

Mikrokosmos auf kleinstem Raum

Die typisch »österreichische Küche« gibt es eigentlich gar nicht, denn kaum ein anderes Land der Welt vereint so viele unterschiedliche Nationalküchen am Herd, wie die kleine Alpenrepublik. Man kocht multikulturell – und das seit Kaisers Zeiten. Trotzdem wird die klassische Küche Österreichs zumeist mit dem Begriff »Wiener Küche« umschrieben. Vielleicht, weil an der kaiserlichen Tafel in Wien ein Großteil der österreichischen Kochtradition geprägt wurde. Vor 1918, als die Österreichisch-Ungarische Doppelmonarchie noch halb Europa regierte, wanderten die besten Rezepte aus Ungarn, Slowenien, Polen, Tschechien, Rumänien, Italien, der Slowakei und der Balkanhalbinsel in die Küchen der Kaiserstadt. So kam es, dass Österreich heute, gemessen an seiner Größe, eine der weltweit vielseitigsten Küchen für sich behauptet, die trotzdem regionaltypisch ist, weil die »Inspiration von außen« verfeinert, verändert und den heimischen Produkten angepasst wurde. Das Rindergulasch liefert ein schönes Beispiel: Die eher dünne Suppe ungarischer Rinderhirten, inspirierte österreichische Köche zu einem Schmortopf, den sie nach den Rinderhirten (gulyá) Gulasch benannten. Den Ungarn wiederum schmeckte diese alpenländische Version so gut, dass sie das Gericht unter dem Namen Pörkölt wieder nach Hause holten. Auch die Urform des Wiener Schnitzels stammt nicht aus Wien. Auf Seite 6 erfahren Sie mehr über die Geschichte berühmter österreichischer Gerichte.

Spannende Genusslandschaften

Gut zu essen und zu trinken gehört zur österreichischen Lebensqualität, wie die Mozartkugel zu Salzburg. Nicht zuletzt deshalb spielt Fleisch eine große Rolle in der klassischen Wiener Küche, die auch am Geschmacksträger Fett nicht spart. Doch keine Angst – verzichten muss man darauf keineswegs. Im Gegenteil: Genießen Sie diese Köstlichkeiten stattdessen besonders bewusst. Selbst die Wissenschaft weiß, dass maßvoll erfahrene »Gaumenfreuden« die Gesundheit sogar fördern und, nebenbei bemerkt, man schlemmt ja nicht alle Tage wie ein Kaiser! Frischer Salat oder knackiges Gemüse ergänzen die Gerichte zudem um wertvolle Vitamine. Wien hat sich den Ruf als Rindfleischhochburg bis heute ebenso bewahrt, wie seine Kaffeehaustradition. Relativ unbekannt ist die Tatsache, dass der legendäre Sachertorten-Erfinder Franz Sacher, weniger Zuckerbäcker, als einer der großen Köche seiner Zeit war. Und die Gerichte von damals, wie Salonbeuschel (S. 34) oder Tafelspitz (S. 27) nehmen noch heute eine Favoritenrolle auf den Speisenkarten des Hotel Sacher und der Wiener Beisln (Wirtshäusern) ein. Der kulinarische Ursprung der übrigen acht Bundesländer findet sich eher im kargen bäuerlichen Leben, wo gegessen wurde, was in unmittelbarer Nähe gerade spross und sprang. Die Fülle an hochwertigen Erzeugnissen aus klein strukturiertem naturnahem Anbau macht Österreich zum »Feinkostladen Europas«, dessen Produkte auch in die Nachbarländer finden.

Kürbiskernöl

Bergkäse und Schinkenspeck

Marillen

Eine Reise durch die Regionen

So abwechslungsreich wie Österreichs Natur – kantiges Gebirge, sanftes Hügelland und ausgedehnte Ebenen – präsentieren sich auch die Küchen der einzelnen Bundesländer: **Kärnten** kocht in Nachbarschaft zu Italien bevorzugt italophil. Hartwürste, sowie Kas-, Fleisch- und Kletzennudeln gelten als lokale Spezialität, und aus den fast 1.300 Seen schwimmen zahlreiche Fische auf die Teller. Die **Steiermark** hat mit ihrem nussigen Kürbiskernöl die Spitzenküchen der Welt erobert. Das äußerst gesunde »grüne Gold« krönt Salate, Eierspeisen, Suppen und Backwaren und wird in seiner Heimat geradezu verschwenderisch eingesetzt. Auch Kürbisgemüse und Naturkost aus Getreide haben dort Tradition. Als östlichstes Bundesland Österreichs war das **Burgenland** bis 1920/21 Teil des ungarischen Königreiches, weshalb Fisch, Huhn und Gans aus den regionalen Speisenkarten nicht wegzudenken sind. **Niederösterreich** genießt seinen Graumohn in köstlichen Mohnnudeln und kultiviert feinsten Marchfelder Spargel. Die Wachauer Marille gedeiht im regionalen Klima so gut, dass die Europäische Union Ursprung und Qualität geschützt hat.

Oberösterreich kennt neben der prominenten Linzertorte unzählige Knödelarten. Die einst elementare Sättigungsküche wird hier verfeinert und das Streuobstland Nr. 1 kocht auch gerne mit Most. Als bevorzugte Heimat köstlicher Mehlspeisen (süße Backwaren) gilt das Bundesland **Salzburg,** dessen berühmte Salzburger Nockerln Sie ganz leicht zubereiten können (S. 55). Auch der Salzburger Heumilchkäse zählt zu den lokalen Berühmtheiten. Die **Tiroler** wiederum setzen auf Nordtiroler Schinkenspeck und verleihen damit Suppen, Knödeln oder Gröstl (Pfannengerichte) so oft wie möglich herzhafte Würze. Schlutzkrapfen, Reh-, Hirsch- und Gämse-Fleisch gehören ins kulinarische Repertoire der Gebirgsregion, in der man sich zum Abschluss gerne mit einem Schnaps aus der Enzianwurzel zuprostet. Das im westlichen Zipfel des Landes gelegene **Vorarlberg** produziert auf seinen Almen den weit über die Grenzen hinaus bekannten Vorarlberger Bergkäse und steht seinen alemannischen Nachbarn auch kulinarisch sehr nah. Spätzle und Schupfnudeln sind hier ebenso zu Hause wie in Schwaben.

Gerichte mit Geschichte

Viele österreichische Gerichte haben eine spannende Vergangenheit. Lassen Sie sich von unseren Anekdoten zum Nachkochen verführen.

Wiener Schnitzel

Im 18. Jh. entdeckte der österreichische Feldmarschall Radetzky in Mailand eine Spezialität namens »Co(s)toletta alla milanese« und leitete die Idee von der goldgelben Panade begeistert an den Kaiserhof weiter. Wenig später wurde dort aus Kalbfleisch das, heute wesentlich berühmtere, Wiener Schnitzel kreiert. Die Kunst des Panierens stammt allerdings aus dem Byzanz von 880 n. Chr., wo der Adel auf diese Weise seinen prunksüchtigen Kaiser imitierte, der Fleisch mit Blattgold überziehen ließ (Rezept S. 20).

Kärntner Kasnudel

Das prominenteste aller Kärntner Gerichte hat sich über Jahrhunderte aus einem krapfenartigen Schmalzgebäck entwickelt, wobei nahezu jedes Kärntner Tal für die Füllung der Nudelteigtasche eine eigene Rezeptur pflegt und behauptet das Original herzustellen. Die Kunst, eine Nudelteigtasche zu verschließen, galt lange (hoffentlich nur scherzhaft) als zukunftsweisend: »A Kärntnerin, die net krendeln kann, die kriagt kan Mann.« (Rezept S. 45).

Wiener Tafelspitz

Die einzigartige und äußerst ökonomische Schnittführung der kaiserlichen Metzger führte dazu, dass ein Rind in Österreich bis heute anders zerteilt wird, als in Deutschland. Der als Tafelspitz bezeichnete obere Schwanzansatz gelangte als Leibspeise von Kaiser Franz Joseph I. zu internationalen Ehren (Rezept S. 27).

Salzburger Nockerln

Der Legende nach wurde die »Königin der Aufläufe« im 16. Jh. von Salome Alt, der langjährigen Geliebten des Salzburger Erzbischofs (!) erfunden und anfangs noch in der Pfanne zubereitet. Die Operette »Saison in Salzburg« besingt das Soufflé auf charmante Weise: »Süß wie die Liebe und zart wie ein Kuss« (Rezept S. 55).

Kaiserschmarrn

Der Legende nach, hatte die figurbewusste Kaiserin Sissi diese Mehlspeise verschmäht, woraufhin Kaiser Franz Joseph I. Folgendes gesagt haben soll: »Na geb' er mir halt den Schmarrn her, den unser Leopold da wieder z'sammkocht hat.« In einer anderen Überlieferung servierte ein Senn (österr. »Kaser«) dem Kaiser auf einer Almhütte einen »Kaserschmarrn«. Wer auch immer die süße Sünde kreiert hat, sie schmeckt in jedem Fall (Rezept S. 55).

Palatschinken

Die Wiege dieses dünnen Pfannkuchens ist Rumänien, wo der Palatschinken als »placinta« (flacher Fladen) geboren wurde. Rasch wanderten seine Nachkommen ins benachbarte Ungarn aus und firmierten dort unter dem Namen »palacinta«. Von dort war der Weg ins »mehlspeisverliebte« Österreich nicht mehr weit. Die Suppeneinlage »Frittaten« unterscheidet sich als nahe Verwandte einzig durch ihren feinen Schnitt und die Verwendung von Salz anstelle von Zucker (Rezept S. 56).

Wiener Schnitzel

Kärntner Kasnudel

Wiener Tafelspitz

Salzburger Nockerln

Kaiserschmarrn

Palatschinken

Aus dem Suppentopf

Suppenkasper findet man in Österreich kaum, gehört die »gute Suppe« dort doch zu einem gelungenen Menü, wie der Großglockner zu den Alpen. Kein Wunder, dass davon gleich mehrere samt ihren Einlagen zu Nationalspeisen geadelt wurden, die man nur allzu gerne auslöffelt!

Schwammerlsuppe

250 g Pilze der Saison (Pfifferlinge, Steinpilze, Champignons etc.)
1 Zwiebel
1 EL Öl
2 EL Mehl
1 l Rinderbrühe (siehe Seite 10, ersatzweise Instantbrühe)
½ Bund Petersilie
1 Knoblauchzehe
Salz | Pfeffer
125 g Crème fraîche

Für 4 Personen
⌚ 15 Min. Zubereitung | 30 Min. Garen
Bei 4 Personen pro Portion ca. 265 kcal, 10 g EW, 22 g F, 7 g KH

1 Die Pilze putzen und in kleine Stücke schneiden, Zwiebel schälen und würfeln. Das Öl in einer Pfanne erhitzen und die Pilze darin anrösten, Zwiebelwürfel zugeben und kurz mitdünsten. Mit Mehl bestäuben und unter Rühren 1 Min. weiterrösten.

2 Mit Rinderbrühe aufgießen und umrühren. Die Petersilie abbrausen, trockenschütteln und hacken. Knoblauch schälen und würfeln. Die Suppe mit Salz, Pfeffer und Knoblauch würzen. Bei mittlerer Hitze ca. 20 Min. offen köcheln lassen. Crème fraîche einrühren. Abschmecken, anrichten und mit Petersilie bestreuen.

VARIANTEN – IMMER WIEDER ANDERS

Probieren Sie die Suppe einmal mit verschiedenen Kräutern, wie Thymian oder Majoran. Anstatt Crème fraîche kann auch saure Sahne verwendet werden. Dann allerdings nicht mehr kochen.

Rinderbrühe | Klassiker

Rindsuppe

Die Ursuppe der Altwiener Küche gilt als alpenländisches Lebenselixier und erhält durch verschiedene Einlagen immer wieder ein neues Gesicht.

500 g Rindfleisch (Schulter, Beinfleisch o. Brust)
500 g Rinderknochen
1 mittelgroße Zwiebel
2 mittelgroße Möhren
je 70 g Knollensellerie, Lauch und Petersilienwurzel
½ Bund frischer Liebstöckel
¼ Bund Petersilie
10 schwarze Pfefferkörner | Salz
1 Bund frischer Schnittlauch zum Bestreuen

Für 6 Personen
20 Min. Zubereitung | 2 Std. 30 Min. Garen
Pro Portion ca. 110 kcal, 9 g EW, 7 g F, 2 g KH

1 Rindfleisch und Knochen gründlich mit lauwarmem Wasser abwaschen. Die Zwiebel ungeschält halbieren und mit der Schnittfläche nach unten im Suppentopf bei mittlerer Hitze sehr dunkel bräunen (gibt der Suppe Aroma und eine schöne Farbe). 2,5 l kaltes Wasser, Fleisch und Knochen zugeben.

2 Die Suppe aufkochen und den aufsteigenden Schaum ständig abschöpfen, bis kein Schaum mehr aufsteigt. Suppe ohne Deckel ca. 2½ Std. leicht köcheln lassen. Die Qualität verbessert sich, je länger die Suppe gekocht wird.

3 Das Suppengemüse waschen, putzen und in grobe Stücke teilen. Liebstöckel und Petersilie abbrausen. 1½ Std. vor Ende der Garzeit, Gemüse, Liebstöckel, Petersilie und Pfeffer zur Suppe geben und die restliche Stunde leise köcheln lassen. Die Suppe durch ein feines Sieb seihen. Erst jetzt mit Salz abschmecken. Kurz vor dem Servieren mit Schnittlauch bestreuen.

TIPP – RINDFLEISCHSALAT

Wird das Fleisch mit kaltem Wasser aufgesetzt, gibt es seine Aromen an die Suppe ab und schmeckt als Suppenfleisch nicht mehr wirklich gut. Sie können jedoch einen prima Rindfleischsalat daraus zaubern. Dazu das gekochte Rindfleisch zuerst in feine Scheiben, dann in ca. 5 mm breite Streifen schneiden. 2 Zwiebeln schälen und in feine Ringe schneiden. Aus 2 EL Essig, 6 EL Pflanzenöl, Salz und schwarzem Pfeffer aus der Mühle eine Marinade anrühren und mit Fleisch und Zwiebeln mischen und mit frischen Schnittlauchröllchen bestreuen. Sehr herzhaft wird der Salat mit Steirischem Kürbiskernöl. Klein geschnittene Gewürzgurken, Paprikaschoten, Champignons oder Möhren passen auch gut hinein.

TIPP – ENTFETTEN

Fett legt sich beim Abkühlen wie ein Deckel auf die Brühe und kann dann bequem entfernt werden. Ist die Suppe noch heiß, 1 Tasse eiskaltes Wasser zugeben und das nach oben steigende Fett mit einem Löffel oder aufgelegtem Küchenpapier entfernen. Aber: Ohne Fett weniger Geschmack!

TIPP – EINFRIEREN

Wer die Suppe portionsweise einfriert, hat immer eine hochwertige Ergänzung für Saucen und Salate (z.B. Kartoffelsalat) griffbereit.

Klassische Suppeneinlage

Frittaten

250 g Milch | 2 Eier (Größe M) | ½ TL Salz | 120 g Mehl | 3 EL Öl oder Butterschmalz

Für 4 Personen
20 Min. Zubereitung | 30 Min. Quellen
Pro Portion ca. 260 kcal, 9 g EW, 15 g F, 24 g KH

1 Milch, Eier und Salz verrühren, das Mehl untermischen und den Teig 30 Min. quellen lassen. Eine beschichtete Pfanne dünn mit Öl auspinseln und heiß werden lassen. Temperatur auf mittlere Hitze zurückschalten.

2 Ca. ⅛ des Teiges in die Pfanne gießen und durch rasches Hin- und Herschwenken gleichmäßig dünn verteilen. Bei mittlerer Hitze ca. 1 Min. braten, wenden und in ½ Min. fertig braten.

3 Fertige Pfannkuchen übereinander auf einen Teller stapeln und abkühlen lassen. Einzeln aufrollen und in dünne Streifen schneiden. In einer Schüssel auf den Tisch stellen, damit sich jeder nach Lust und Laune bedienen kann.

für Gäste

Grießnockerln

40 g weiche Butter | 1 Ei (Größe M) | 80 g Hartweizengrieß | 1 Msp. frisch geriebene Muskatnuss | Salz

Für ca. 15 Nockerln | 15 Min. Zubereitung
15 Min. Ruhen | 35 Min. Garen
Pro Nockerl ca. 40 kcal, 1 g EW, 3 g F, 4 g KH

1 Die Butter schaumig rühren. Das Ei verschlagen und untermischen. Den Grieß unterrühren. Mit Muskatnuss und Salz abschmecken. 15 Min. kühl ruhen lassen. Salzwasser in einem großen Topf zum Kochen bringen. Mit zwei nassen Teelöffeln Nockerln formen und ins kochende Wasser einlegen.

2 Die Nockerln bei kleiner Hitze 5 Min. sieden lassen, dann mit einer Schaumkelle aus dem Wasser heben, mit eiskaltem Wasser abschrecken, in den Topf mit Salzwasser zurücklegen und darin zugedeckt ohne Hitze 30 Min. ziehen lassen. Auf diese Weise quellen die Nockerln schön auf. Aus dem Wasser nehmen und in der Suppe anrichten.

lässt sich variieren

Schöberln

20 g geräucherter Schinken | 2 Eier (Größe M) | 60 g Mehl | Salz | Pfeffer | 1 Msp. frisch geriebene Muskatnuss

Für 6 Personen | 20 Min. Zubereitung
Pro Portion ca. 75 kcal, 4 g EW, 3 g F, 7 g KH

1 Den Backofen auf 230° vorheizen. Schinken in feine Würfel schneiden. Die Eier trennen, Eiweiß steif schlagen. Eigelbe, Mehl und Schinkenwürfel unterheben. Mit Salz, Pfeffer und Muskat würzen. Das Backblech mit Backpapier belegen und die Masse gleichmäßig etwa 5 mm dick aufstreichen. Im vorgeheizten Ofen (Mitte, Umluft 200°) 8–10 Min. backen. Vom Blech nehmen, wenden, das Backpapier abziehen und die Schöberln in Rauten schneiden. Erst kurz vor dem Servieren anrichten.

VARIANTE – KRÄUTER- ODER KÄSESCHÖBERLN

Für Kräuterschöberln statt des Schinkens 2 EL gehackte Kräuter (z.B. Kerbel) und 1 Prise Salz, für Käseschöberln 15 g geriebenen Parmesan in die Eimasse mischen.

Spezialität aus Tirol

Tiroler Knödel

150 ml Milch | 2 Eier (Größe M) | 250 g altbackene Brötchen | 1 Zwiebel | 150 g geräucherter Speck | 50 g Bergsteigerwurst oder Kaminwurzen | 1 TL Butter | 1 EL gehackte Petersilie | 1 EL Mehl

Für ca. 20 kleine (oder 10 große) Knödel
30–45 Min. Zubereitung | 20 Min. Ziehen
Pro Portion ca. 105 kcal, 3 g EW, 7 g F, 8 g KH

1 Milch und Eier verquirlen. Die Brötchen in kleine Würfel schneiden und mit der Eiermilch vermengen. Die Zwiebel schälen. Zwiebel, Speck und Wurst würfeln. Butter in einer Pfanne schmelzen. Die Zwiebel-, Speck- und Wurstwürfel darin anbraten. Alle Zutaten mischen, das Mehl dazugeben und 20 Min. ziehen lassen. In einem großen Topf Salzwasser zum Kochen bringen. Aus der Masse Knödel formen, ins Wasser legen und bei geringer Hitze, je nach Größe 15–30 Min. gar ziehen lassen, nicht kochen. Mit der Schaumkelle herausheben und vor dem Servieren in der Suppe anrichten.

Festtagssuppe | für Gäste

Mostsuppe mit Schwarzbrot-Zimtcroûtons

Diese Suppe schmeckt mit Apfel- oder Birnenmost jedes Mal anders, aber jedes Mal gut!

½ Zwiebel
2 Stück Sternanis
600 ml Most (vergorener Apfelsaft, ersatzweise Cidre)
3 Lorbeerblätter
1 l kräftige Rinderbrühe
400 g Sahne
2 Möhren
1 Msp. Zimtpulver
Salz | frisch gemahlener Pfeffer

Für die Croûtons

3 Scheiben Schwarzbrot
2 EL Butter zum Braten
½ TL Zimtpulver | ½ TL Salz

Für 4 Personen | 40 Min. Zubereitung
Pro Portion ca. 480 kcal, 5 g EW, 35 g F, 27 g KH

1 Die Zwiebel schälen und in Ringe schneiden. Sternanis leicht zerstoßen. In einem Topf den Most mit Zwiebelringen, Lorbeerblättern und Sternanis offen bei hoher Hitze in ca. 10 Min. auf die Hälfte einkochen lassen. Durch ein Sieb abgießen und die Flüssigkeit auffangen.

2 Den Most zurück in den Topf geben, Rinderbrühe und Sahne zugießen und in ca. 10 Min. einkochen. Inzwischen die Möhren schälen, in sehr feine Streifen schneiden oder mit der Rohkostreibe fein reiben und zur Suppe geben. Weitere 10 Min. köcheln lassen.

3 Für die Croûtons das Brot in Würfel schneiden. Die Butter in einer Pfanne zerlassen. Brotwürfel zugeben, mit ½ TL Zimtpulver und Salz würzen und knusprig braten. Aus der Pfanne nehmen und auf Küchenpapier abtropfen lassen.

4 Die Suppe mit 1 Msp. Zimtpulver, Salz und Pfeffer abschmecken, auf 4 Teller verteilen und mit den Croûtons servieren.

VARIANTE – SCHAUMSÜPPCHEN

Für ein luftig-leichtes Mostschaumsüppchen die Karottenstreifen vorübergehend aus der Suppe heben, die Suppe mit dem Stabmixer aufschäumen und wieder mit den Karottenstreifen anrichten.

VARIANTE – BIER- ODER RIESLINGSUPPE

Für eine Rieslingsuppe verwenden Sie anstelle des Mostes 500 ml trockenen Riesling. Um die Säure des Weines zu kompensieren, mit einer sehr kräftigen Rinderbrühe aufgießen. Zur Bereitung einer Biersuppe ersetzen Sie den Most durch 600 ml Altbier. Dann den Sternanis weglassen und stattdessen mit etwas frisch geriebener Muskatnuss würzen.

pikant | vegetarisch

Kürbissuppe

1 kg Speisekürbis (Muskat- o. Hokkaidokürbis)
1 Apfel (z.B. Jonagold, Boskoop)
1 EL Butter
1 EL brauner Zucker
800 ml Gemüsebrühe
60 g trockener Weißwein
1 Stück frischer Ingwer (ca. 1 cm)
½ Zimtstange | 1 Lorbeerblatt
50 g Sahne
½ TL Currypulver | ½ TL Kurkumapulver
1 Msp. frisch geriebene Muskatnuss
1 Msp. Chilipulver
Salz | Pfeffer

Für 4 Personen
20 Min. Zubereitung | 20 Min. Garen
Pro Portion ca. 190 kcal, 2 g EW, 9 g F, 22 g KH

1 Den Kürbis schälen, Kerne und Fasern entfernen, waschen und in ca. 3 cm große Würfel schneiden. Den Apfel schälen, das Kerngehäuse entfernen und grob würfeln. Die Butter in einem Topf schmelzen, Zucker darin karamellisieren. Kürbis und Apfel zugeben, kurz anbraten und mit Gemüsebrühe und Weißwein aufgießen.

2 Den Ingwer schälen, reiben oder fein hacken und mit Zimt und Lorbeerblatt zur Suppe geben. Zugedeckt ca. 15 Min. garen, bis der Kürbis weich ist. Zimtstange und Lorbeerblatt entfernen. Die Suppe mit dem Pürierstab mixen. Die Sahne zugeben, mit den übrigen Gewürzen abschmecken und nochmals ca. 5 Min. köcheln lassen. Vor dem Servieren eventuell mit Steirischem Kürbiskernöl beträufeln.

Haxensuppe | Steirische Spezialität

Steirische Klachlsuppe

1 kg Schweinehaxe (in 3 cm dicken Scheiben)
2 EL Weißweinessig (ersatzweise Apfelessig)
2 kleine Schalotten | 4 Knoblauchzehen
100 g Knollensellerie
6 Wacholderbeeren | 6 schwarze Pfefferkörner
1 Lorbeerblatt | 5 Korianderkörner | 2 Möhren
125 g Crème fraîche | 20 g Mehl
1 Stück Zitronenschale von einer Bio-Zitrone
1 EL getrocknete Majoranblättchen
Salz | frisch gemahlener Pfeffer | Instantbrühe

Für 4 Personen
20 Min. Zubereitung | 2 Std. Garen
Pro Portion ca. 500 kcal, 37 g EW, 36 g F, 8 g KH

1 Die Haxenscheiben gut waschen, mit 1,5 l kaltem Wasser und dem Essig in einen Topf geben. Die Schalotten schälen und in feine Ringe schneiden, die Knoblauchzehen schälen und zerdrücken, den Sellerie schälen, grob zerkleinern und alles mit den Gewürzen zur Suppe geben. Mindestens 2 Std. zugedeckt bei mittlerer Hitze garen, bis sich das Fleisch leicht von den Knochen lösen lässt. Anfangs den aufsteigenden Schaum abschöpfen.

2 Die Suppe abseihen, dabei auffangen und wieder auf den Herd stellen. Die Möhren schälen, in feine Streifen schneiden und in die köchelnde Suppe geben. Das Fleisch von den Knochen lösen und in mundgerechte Stücke schneiden.

3 Crème fraîche mit Mehl verquirlen, mit Zitronenschale zur Suppe geben und 5 Min. köcheln. Das Fleisch zugeben. Mit Majoran, Salz, Pfeffer und nach Belieben etwas Instantbrühe abschmecken.

oben: Kürbissuppe | unten: Steirische Klachlsuppe

Hauptgerichte & Beilagen

Die klassische österreichische Küche ist ein Paradies für Fleischliebhaber, aber auch Süßwasserfische schwimmen gerne auf den Teller. In diesem Kapitel finden Sie neben weltbekannten Wiener Klassikern wie Gulasch, Tafelspitz und Wiener Schnitzel auch Spezialitäten aus den einzelnen Bundesländern und köstliche Beilagen, wie Serviettenknödel oder Kürbisgemüse.

Zwiebelrostbraten

4 gut abgehangene Scheiben vom Roastbeef (à ca. 180 g, ersatzweise Rinderlende)
1 EL Senf | Salz | Pfeffer
2 EL Mehl zum Bestäuben
100 ml Pflanzenöl
200 ml Rinderbrühe (ersatzweise Instantbrühe)
500 g braune Zwiebeln
20 g kalte Butter

Für 4 Personen | 35 Min. Zubereitung
Pro Portion ca. 435 kcal, 43 g EW, 25 g F, 9 g KH

1 Die Sehnen am Fleischrand in ca. 2 cm Abständen einschneiden, damit sich das Fleisch beim Braten nicht wölbt. Die Scheiben zwischen Klarsichtfolie vorsichtig mit der Hand platt drücken, beidseitig mit Senf bestreichen, salzen, pfeffern. Eine Seite mit Mehl bestäuben.

2 In einer Pfanne 50 ml Öl erhitzen. Das Fleisch mit der Mehlseite nach unten einlegen und beidseitig insgesamt 3 Min. scharf anbraten. Herausnehmen und in Alufolie wickeln. Bratensatz mit Brühe ablöschen und bei mittlerer Hitze 10 Min. kochen.

3 Zwiebeln schälen und in feine Ringe schneiden. Restliches Öl in einer Pfanne erhitzen. Zwiebelringe darin hellbraun anbraten, herausnehmen und auf reichlich Küchenpapier gründlich abtropfen lassen.

4 Die Bratensauce mit kalten Butterstückchen binden, nicht mehr kochen. Fleisch mitsamt dem ausgetretenen Fleischsaft zur Sauce geben, kurz warm werden lassen, anrichten und die Röstzwiebeln darüber verteilen.

Weltberühmter Klassiker

Wiener Schnitzel

Das original Wiener Schnitzel versteckt Kalbfleisch unter seiner goldgelben Brösel-Panade, die wie die Donau, sanfte Wellen schlagen sollte.

8 Schnitzel (à 90 g, z.B. von Rücken, Schale oder Frikandeau)
Salz
50 g Mehl
4 Eier
ca. 150 g Semmelbrösel (Paniermehl)
ca. 300 g Schweineschmalz (ersatzweise Butterschmalz)

Für 4 Personen | 25 Min. Zubereitung
Pro Portion ca. 640 kcal, 46 g EW, 35 g F, 36 g KH

1 Zum späteren Warmhalten der Schnitzel den Backofen auf 70° vorheizen. Mehrere Lagen Küchenpapier auf einen Teller legen und in den Backofen stellen.

2 Die Schnitzel zwischen Frischhaltefolie legen und mit einem Plattiereisen oder der glatten Seite des Fleischklopfers sanft plätten. Das Schnitzel sollte ca. 3–6 mm dick sein.

3 Eventuell vorhandene Sehnen an den Schnitzelrändern entfernen oder längs einschneiden. Die Schnitzel mit Küchenpapier trockentupfen und beidseitig salzen.

4 Das Mehl in eine flache Schale geben. Die Eier in einer weiteren Schale »schlampig verrühren«, d.h. ohne dass sich Eigelb und Eiweiß ganz vermischen (Bild 1). Die Semmelbrösel in eine dritte Schale füllen.

5 Die Schnitzel beidseitig in Mehl wenden, überschüssiges Mehl abklopfen. Schnitzel durch die Eier ziehen und in Semmelbröseln wenden (Bild 2). In einer großen Pfanne reichlich Fett (ca. 1,5 cm hoch) erhitzen. Das Fett hat die richtige Temperatur, wenn es um probeweise eingestreute Semmelbrösel sanft aufschäumt. Nur so viele Schnitzel in die Pfanne geben, dass diese noch Bewegungsspielraum haben.

6 Beidseitig (insgesamt 4–6 Min.) goldgelb backen. Dabei die Pfanne immer sanft hin- und herbewegen. Auf diese Weise mischt sich das Bratfett mit Luft, was die Panade schön aufgehen (soufflieren) lässt. Die fertigen Schnitzel im Backofen auf dem Küchenpapier abtropfen lassen und warm halten, bis alle Schnitzel fertig sind.

UND DAZU?

Die klassische Garnitur besteht aus Petersilie und Zitronenviertel. Als Beilage werden gerne Reis und/oder Kartoffelsalat (S. 22) serviert.

GUT ZU WISSEN

Das original Wiener Schnitzel besteht aus Kalbfleisch und wird in Schweineschmalz gebraten. Verwendet man stattdessen Butterschmalz, erhält das Fleisch ein nussiges Aroma. Semmelbrösel mahlen Sie am besten selbst aus entrindetem Weißbrot (fein). Fertige Brösel enthalten oft Reste von Salzstangen etc., was den Geschmack beeinflusst.

1

2

3

gut vorzubereiten

Erdäpfelsalat

Wie in Bayern heißt die Kartoffel in Österreich nach ihrer Kinderstube Erdapfel und wird in manchen Regionen auch Krumpir (von Grundbirne) genannt.

Salz | 600 g fest kochende Kartoffeln (z.B. Kipfler oder Sieglinde) | 1 Zwiebel | 200–250 ml Rinderbrühe | 4 EL Essig | 7 EL Pflanzenöl (z.B. Rapsöl) | 1 TL Senf (eventuell Estragonsenf) | Pfeffer

Für 4 Personen
30 Min. Zubereitung | 3 Std. Durchziehen
Pro Portion ca. 285 kcal, 3 g EW, 21 g F, 20 g KH

1 Einen Topf mit Salzwasser zum Kochen bringen. Kartoffeln ungeschält hineingeben und 30 Min. garen. Abgießen, leicht abkühlen lassen, pellen und in Scheiben schneiden. In eine Schüssel geben.

2 Die Zwiebel schälen, fein würfeln und zu den Kartoffeln geben. Die Rinderbrühe leicht erwärmen, mit Essig, Öl, Senf, Salz und Pfeffer zu einer Marinade mischen und vorsichtig mit den Kartoffelscheiben vermengen. Mindestens 3 Std. ziehen lassen.

GUT ZU WISSEN

Kartoffelsalat lässt sich gut vorbereiten und im Kühlschrank 2–3 Tage aufbewahren. Da die Kartoffeln in dieser Zeit viel Marinade aufsaugen, vor dem Servieren nochmal mit Salz, Pfeffer, Essig und Öl abschmecken.

VARIANTE – STEIRISCH ODER TIROLERISCH

Eine steirisch-grüne Note erhält der Salat, wenn Sie jede Salatportion nach dem Anrichten mit 1–2 TL Steirischem Kürbiskernöl beträufeln. In der »ölreichen« Steiermark selbst, wird für die Marinade nicht selten ausschließlich Kürbiskernöl verwendet.

In einem deftigen Tiroler Kartoffelsalat ist Speck unerlässlich. Dazu, anstelle der oben angegebenen 7 EL Öl, 50 g geräucherten Bauchspeck in feine Würfel schneiden, in 2 EL Öl glasig braten und zur Marinade geben. 1 TL Kapern und 1 EL Schnittlauch oder Kresse fein hacken und ebenfalls untermischen. Mit Tomaten und Gurkenscheiben garnieren.

Feldsalat mit Kartoffeldressing

Vogerlsalat

Salz | 250 g mehlig kochende Kartoffeln | 200 g Feldsalat | 1 Schalotte | 250 ml Fleischbrühe (ersatzweise Instantbrühe) | 5 EL Sherryessig | 2 EL Pflanzenöl | frisch gemahlener Pfeffer

Für 4 Personen | 40 Min. Zubereitung
Pro Portion ca. 120 kcal, 4 g EW, 8 g F, 9 g KH

1 In einem Topf Salzwasser zum Kochen bringen und die ungeschälten Kartoffeln darin ca. 25 Min. garen. Den Feldsalat waschen und abtropfen lassen bzw. vorsichtig trockenschleudern. Die Schalotte schälen und sehr fein würfeln. Kartoffeln schälen.

2 Die Kartoffeln durch eine Presse drücken und mit der Brühe glatt rühren. Mit Essig, Öl, Salz, Pfeffer und den Schalottenwürfeln zu einem Dressing verrühren und den Feldsalat damit marinieren.

VARIANTE – MIT KÜRBISKERNÖL

Wunderbar nussig schmeckt der Salat mit Steirischem Kürbiskernöl und gerösteten Kürbiskernen.

Gelingt leicht

Gurkensalat mit Rahm

1–2 Salatgurken (800 g) | Salz | 1 Knoblauchzehe | 4 EL Essig | ½ TL Zucker | 1 TL frische Dillspitzen | frisch gemahlener Pfeffer | 150 g saure Sahne

Für 4 Personen
15 Min. Zubereitung | 20 Min. Durchziehen
Pro Portion ca. 70 kcal, 2 g EW, 4 g F, 6 g KH

1 Die Gurken schälen, halbieren und mit einem Teelöffel die Kerne entfernen. Nochmals längs halbieren und in nicht allzu dünne Viertelscheiben schneiden. Salzen, durchmischen und ca. 20 Min. ziehen lassen. Knoblauch schälen und fein hacken.

2 Die Gurken in einem Küchenhandtuch kräftig ausdrücken und mit Essig, Zucker, Knoblauch, Dill, Salz, Pfeffer und saurer Sahne vermengen.

GUT ZU WISSEN

Der Salat wird besonders fein, wenn Sie die saure Sahne durch 100 g Crème fraîche ersetzen. Nach Geschmack mit einigen Tropfen Kürbiskernöl beträufeln.

traditionell | herzhaft

Überbackene Schinkenfleckerln

Die quadratische Nudelspezialität »Fleckerln« ist in Österreich fertig erhältlich. Wir liefern Ihnen das Rezept zum Selbermachen.

Grundrezept Fleckerl-Nudeln
250 g Mehl (Type 405)
1 EL Pflanzenöl
2 Eier (Größe M)
Salz | Mehl zum Arbeiten
Für Schinkenfleckerln
250 g gekochter Schinken
1 Zwiebel | 2 Knoblauchzehen
2 EL Butterschmalz
2 Stängel Petersilie
80 g Hartkäse (z.B. Parmesan)
100 g Sahne | 100 g saure Sahne

Für 4 Personen
Nudelteig: 30 Min. Zubereitung | 2 Std. Ruhen
Schinkenfleckerln: 30 Min. Zubereitung
Pro Portion 590 kcal, 31 g EW, 30 g F, 47 g KH

1 Für den Nudelteig das Mehl auf die Arbeitsfläche häufen. In die Mitte eine Mulde drücken und das Öl, die Eier, sowie das Salz hineingeben. Alles mit den Händen zu einer geschmeidigen Masse (ohne Risse) verkneten. Sollte die Masse zu trocken sein, tropfenweise Wasser zufügen. Den Teig mit einem feuchten Tuch abdecken und 2 Std. ruhen lassen.

2 Den Teig auf einer gut bemehlten Arbeitsfläche 1 mm dünn mit Hand oder mit einer Nudelmaschine ausrollen und in ca. 1,5 x 1,5 cm große Quadrate schneiden. Topf mit Salzwasser zum Kochen bringen. Fleckerln darin 8–10 Min. kochen, abgießen.

3 Für die Schinkenfleckerln den Backofen auf 200° vorheizen (evtl. Grillfunktion). Den Schinken klein würfeln. Zwiebel und Knoblauch schälen und ebenfalls in feine Würfel schneiden. Das Butterschmalz in einer Pfanne erhitzen. Zwiebel, Knoblauch und Schinken darin anbraten. Abgetropfte Fleckerln untermischen und alles in eine Auflaufform geben.

4 Die Petersilie abbrausen, trockenschütteln und hacken. Den Käse reiben, 1/3 davon mit Petersilie, süßer und saurer Sahne mischen und über die Fleckerl-Schinken-Masse geben. Restlichen Käse darüber verteilen. Im Backofen (Mitte, Umluft 180°) 10–15 Min. überbacken. Kopfsalat dazuservieren.

VARIANTE – KRAUTFLECKERLN

600 g Weißkohl waschen, putzen, Strunk entfernen und zuerst in Streifen, dann in ca. 1 cm große Quadrate schneiden. 1 Zwiebel schälen und fein würfeln. 8 EL Butterschmalz in einem Topf erhitzen, 60 g Zucker darin schmelzen, Zwiebelwürfel zugeben und goldgelb dünsten. Kohl und 1/2 TL Kümmelsamen zugeben und ca. 30 Min. bissfest dünsten. Es sollte gerade so viel Flüssigkeit im Topf sein, dass der Kohl nicht anbrennt. Nach Bedarf Wasser zugeben. Kohl mit den gekochten Fleckerln mischen, mit Salz und Pfeffer würzen und servieren.

TIPP – SCHNELLE FLECKERLNUDELN

Ganz fix sind Fleckerlnudeln aus fertig erhältlichen Lasagneblättern gemacht. Nach Packungsangabe kochen, abtropfen lassen und in Quadrate schneiden.

Altwiener Rindfleischlegende

Wiener Tafelspitz

Wien gilt als Rindfleischparadies schlechthin. Der Tafelspitz ist das berühmteste von mehr als einem Dutzend verschiedenen Rinderteilen zum Kochen.

750 g Rinderknochen
1 Zwiebel
2 kg Tafelspitz (mit heller Fetteindeckung)
2 Lorbeerblätter
10 schwarze Pfefferkörner
2 Wacholderbeeren
3 Möhren | 1 Petersilienwurzel
1 kleiner Knollensellerie
½ Stange Lauch
Salz | frisch gemahlener Pfeffer
1 Bund Schnittlauch zum Bestreuen

Für 6 Personen
30 Min. Zubereitung | mind. 3 Std. Garen
Pro Portion ca. 655 kcal, 64 g EW, 41 g F, 5 g KH

1 Die Knochen mit lauwarmem Wasser waschen. Zwiebel ungeschält halbieren und im Suppentopf (ohne Fett) mit der Schnittfläche nach unten bei mittlerer Hitze sehr dunkel bräunen. Mit 3,5 l Wasser aufgießen, Knochen zugeben und zum Kochen bringen. Das Fleisch ins kochende Wasser geben und bei kleiner Hitze weiterkochen. Aufsteigenden Schaum abschöpfen.

2 Sobald kein Schaum mehr aufsteigt, Lorbeerblätter, Pfefferkörner und Wacholderbeeren zugeben und bei kleiner Hitze knapp unter dem Siedepunkt garen. Inzwischen das Gemüse waschen, putzen, in große Stücke zerteilen und nach 2½ Std. Garzeit zur Suppe geben. Weitere 30 Min. köcheln.

3 Der Tafelspitz ist gar, wenn sich eine Gabel ohne viel Druck in das Fleisch drücken lässt. Tafelspitz aus dem Topf nehmen, die Suppe durch ein feines Sieb gießen und würzen. Das Gemüse in mundgerechte Stücke schneiden, mit dem Fleisch in die Suppe geben und 5 Min. ohne Kochen ziehen lassen.

4 Den Schnittlauch abbrausen, trockenschütteln und in feine Röllchen schneiden. Das Rindfleisch gegen den Faserverlauf in 1 cm dicke Scheiben schneiden. Auf den Teller legen, salzen, mit heißer Suppe begießen und mit Schnittlauch bestreuen. Apfel- oder Semmelkren (S. 28), Dillfisolen (S. 29) oder Spinat und Röstkartoffeln passen gut dazu, wobei der Wiener zu Beginn die Suppe auslöffelt.

GUT ZU WISSEN

Österreichische Metzger zerlegen das Rind in sagenhafte vierzig (!) verschiedene Stücke mit liebevollen Bezeichnungen, wie Vögerl, Hüferscherzl oder Kavalierspitz. Rind genießt dort besonders als Siedefleisch eine lange Tradition. Dabei gilt das feinfaserige, saftige Schulterscherzl (in Deutschland: Schaufelstück) mit seiner gallertartigen Kernader unter Kennern als besonders geschmackvoller Favorit und auch das, mit Knochen gesottene, Beinfleisch (Rippenfleisch) ist sehr beliebt. Beide Fleischstücke können wie Tafelspitz zubereitet werden.

Apfelmeerrettich | fruchtig-pikant

Apfelkren

300 g säuerliche Äpfel (z.B. Boskoop, Cox Orange) | ½ Zitrone | 1 EL Zucker | 15 g frischer Meerrettich | 1 Prise Salz

Für 4 Personen | 15 Min. Zubereitung
Pro Portion ca. 50 kcal, 0 g EW, 1 g F, 11 g KH

1 Äpfel schälen, halbieren und Kerngehäuse entfernen. Äpfel vierteln und gleich mit der Schnittfläche der Zitronenhälfte einreiben. Äpfel fein raspeln, mit Zitronensaft beträufeln, zuckern und mit 1 EL Wasser einige Sekunden aufkochen. Dann abkühlen lassen.

2 Den Meerrettich schälen, reiben, zur Apfelmasse mischen, mit Salz abschmecken und servieren.

GUT ZU WISSEN

Durch den Zitronensaft und das anschließende Aufkochen färbt sich der Apfel nicht braun, sondern bleibt schön hell und appetitlich.

Semmelmeerrettich | gelingt leicht

Warmer Semmelkren

2 altbackene Brötchen | 375 ml Rinderbrühe | 10–15 g frischer Meerrettich | 3 EL Sahne | Salz | Pfeffer

Für 4 Personen | 15 Min. Zubereitung
Pro Portion ca. 100 kcal, 3 g EW, 4 g F, 15 g KH

1 Die Brötchen klein schneiden und mit der Brühe bei geringer Hitze in ca. 10 Min. zu einem sämigen Brei verkochen.

2 Meerrettich schälen und reiben. Die Brötchenmasse mit Meerrettich, Sahne, sowie Salz und Pfeffer abschmecken. Warm zum Rindfleisch servieren.

GUT ZU WISSEN

Diese sättigende Beilage kann auch mit Meerrettich aus dem Glas zubereitet werden. Je nach Geschmack dosieren. Ist der Semmelmeerrettich nicht zu scharf, mögen ihn auch Kinder sehr gerne.

klassisch zu Rindfleisch

Schnittlauchsauce

4 Eier | 2 EL Weißweinessig | 4 EL Olivenöl |
½ Bund frischer Schnittlauch | Salz

Für 4 Personen | 15 Min. Zubereitung
Pro Portion ca. 190 kcal, 7 g EW, 18 g F, 1 g KH

1 Die Eier in einem Topf mit Wasser in 10 Min. hart kochen, abschrecken und pellen.

2 Die Eier halbieren, Eigelbe herauslösen und in einer kleinen Schüssel mit Essig und Öl verrühren. Eiweiße fein würfeln und untermischen. Den Schnittlauch abbrausen, trockenschütteln, in feine Röllchen schneiden und dazugeben. Mit Salz abschmecken.

VARIANTE

Aus der Schnittlauchsauce wird eine frische leichte Variante, wenn Sie 2–3 EL Joghurt unter die Sauce rühren.

Dillbohnen | für Gäste

Dillfisolen

600 g grüne Bohnen | Salz | 1 Msp. Natron |
1 EL Butter | 1 EL Mehl | 200 ml Rinderbrühe |
125 g Crème fraîche | Pfeffer | 1 EL frisch gehackter Dill Weißweinessig nach Belieben

Für 4 Personen | 30 Min. Zubereitung
Pro Portion ca. 195 kcal, 4 g EW, 15 g F, 10 g KH

1 Die Bohnen waschen, Fäden und Enden entfernen und in ca. 3 cm lange Stücke schneiden. 1,5 l Wasser mit Salz und Natron (erhält die Farbe) erhitzen. Bohnen darin 6 Min. kochen. Abgießen, mit kaltem Wasser abschrecken und abtropfen lassen.

2 Die Butter schmelzen, Mehl einrühren und kurz anbraten. Mit Rinderbrühe ablöschen und 2 Min. einkochen lassen. Dabei kräftig mit dem Schneebesen rühren.

3 Crème fraîche untermengen, die Bohnen zugeben und in der Sauce erwärmen. Mit Salz, Pfeffer, Dill und je nach Geschmack mit Essig abschmecken.

Klassiker | gut vorzubereiten

Fiakergulasch

Dieses nach den Wiener Pferdekutschern benannte Gericht unterscheidet sich vom klassischen Rindergulasch einzig durch seine Krönung mit Würstchen, Ei und Gurke.

1 kg Zwiebeln
100 g Schweineschmalz (ersatzweise Öl)
2 EL edelsüßes Paprikapulver
1 TL rosenscharfes Paprikapulver
1 EL Tomatenmark
2 TL Essig
500 ml Rinderbrühe (ersatzweise Instantbrühe)
2 EL getrockneter Majoran
1 TL gemahlener Kümmel
2 Lorbeerblätter
2 Knoblauchzehen
1 kg Rinderwade (ohne Knochen, aber mit Sehnen)
Salz

Damit wird's zum »Fiaker«

4 Wiener Würstchen
4 Eier
1 TL Butter
4 Essiggurken

Für 4 Personen | 75 Min. Zubereitung
Insgesamt ca. 3 Std. Garen
Pro Portion ca. 715 kcal, 66 g EW, 43 g F, 17 g KH

1 Die Zwiebeln schälen und fein würfeln. Schmalz in einer großen Kasserolle erhitzen und Zwiebelwürfel darin unter Rühren bei niedriger Temperatur 30 Min. goldgelb schmoren. Paprikapulver und Tomatenmark zu den Zwiebeln geben, nur kurz verrühren (sonst wird Paprikapulver bitter), rasch mit dem Essig ablöschen und mit der Brühe aufgießen.

2 Majoran, Kümmel und Lorbeerblätter zufügen. Knoblauch schälen und dazupressen. Die Hitze erhöhen und alles ohne Deckel 30 Min. kräftig kochen lassen. Das Fleisch in ca. 3 cm große Würfel schneiden. Den Backofen auf 180° vorheizen.

3 Die Gulaschwürfel leicht salzen, zur Sauce geben und im vorgeheizten Backofen (Mitte, Umluft 160°) zugedeckt ca. 3 Std. schmoren. Auf diese Weise kann nichts anbrennen. Wenn Sie das Gulasch zugedeckt bei kleiner Hitze auf der Herdplatte dünsten, regelmäßig umrühren. Während der Garzeit sollte das Fleisch nur knapp mit Flüssigkeit bedeckt sein, sonst wird die Sauce nicht sämig. Ist allerdings zu wenig Flüssigkeit vorhanden, etwas Wasser zugießen. Das perfekte Gulaschfleisch ist kernig, aber weich.

4 Einen Topf mit Wasser zum Kochen bringen und von der Herdplatte nehmen. Die Würstchen zugedeckt etwa 10 Min. ziehen lassen. Das Fett in einer Pfanne schmelzen, Eier hineinschlagen und zu Spiegeleiern braten. Essiggurke fächerartig einschneiden. Gulasch in einem tiefen Teller anrichten und mit Ei, Würstchen und Gurke garnieren.

GUT ZU WISSEN

Gulaschfans behaupten, das Gericht schmecke mit jedem Aufwärmen besser. Ein echter Wiener genießt dazu knusprige Semmeln und Bier. Zum klassischen Rindergulasch (ohne Ei, Würstchen und Gurke) passen auch Semmelknödel (S. 33) oder Salzkartoffeln.

für Gäste

Eierschwammerlgulasch mit Erdäpfelroulade

Dieses feine Eierschwammerlgulasch lässt sich auch hervorragend mit Semmelknödel oder dem Topfen-Serviettenknödel von nebenan kombinieren.

Für die Erdäpfelroulade
500 g mehlig kochende Kartoffeln | Salz | 3 Eigelbe | 100 g Mehl | Butter | 1 EL frischer Thymian
Für das Eierschwammerlgulasch
600 g frische Pfifferlinge | 150 g Schalotten | 2 Knoblauchzehen | 1 EL Pflanzenöl | 1 TL Mehl | 120 ml Gemüsebrühe | 80 g Sahne | Salz | Pfeffer

Für 4 Personen | 50 Min. Zubereitung
Pro Stück ca. 320 kcal, 11 g EW, 13 g F, 40 g KH

1 Die Kartoffeln mit Schale in reichlich Salzwasser 30 Min. kochen. Inzwischen Pfifferlinge putzen und vierteln. Schalotten und Knoblauch schälen und fein würfeln. Backofen auf 180° vorheizen. Die gekochten Kartoffeln abgießen, pellen, durch eine Presse drücken und leicht abkühlen lassen. Mit Eigelben, Mehl und einer Prise Salz vermengen.

2 Ein Stück Alufolie mit Butter bestreichen, Kartoffelmasse längs als Rolle von ca. 3 cm Durchmesser auf die Folie geben, mit Thymian bestreuen und in die Alufolie einwickeln. Enden eindrehen. 20 Min. im Ofen (Mitte, Umluft 160°) garen.

3 Das Öl in einem Topf erhitzen und die Pfifferlinge darin bei mittlerer Hitze 1–2 Min. anbraten, herausnehmen. Im Bratfett Schalotten und Knoblauch goldgelb bräunen. Mit Mehl bestäuben und mit Gemüsebrühe und 20 g Sahne aufgießen.

4 Die Sauce bei kleiner Hitze 5 Min. köcheln lassen, mit Salz und Pfeffer abschmecken. Die Pfifferlinge zugeben und wenige Minuten weitergaren. Restliche Sahne steif schlagen und vor dem Servieren unterziehen. Die Kartoffelroulade auswickeln, in Scheiben schneiden und mit den Pilzen servieren.

gelingt leicht | Klassiker

Semmelknödel

180 g Knödelbrot (ersatzweise altbackene Brötchen, in Würfel geschnitten) | 160 ml Milch | 1 Zwiebel | 60 g Butter | ½ Bund Petersilie | 3 Eier (Größe M) | Salz | 1 EL Mineralwasser

Für 8 Knödel | 40 Min. Zubereitung
Pro Portion ca. 165 kcal, 5 g EW, 10 g F, 15 g KH

1 Das Knödelbrot in eine Schüssel geben. Milch erhitzen und darübergießen. Die Zwiebel schälen und fein würfeln. Butter in einer Pfanne erhitzen und die Zwiebel darin goldgelb anbraten. Die Petersilie abbrausen, trockenschütteln und fein hacken.

2 Die Eier verquirlen, salzen, mit Zwiebel und Petersilie zur Knödelbrotmasse geben. 1 EL Mineralwasser in den Teig rühren und 10 Min. ruhen lassen.

3 In einem großen Topf reichlich Salzwasser zum Kochen bringen. Mit nassen Händen 8 Knödel aus der Masse formen, in den Topf geben und bei kleiner Hitze zugedeckt 12–15 Min. ziehen lassen.

für Gäste | sehr fein

Topfen-Serviettenknödel

100 ml Milch | 300 g Toastbrot | 30 g Butter | 2 Eier (Größe M) | 2 Eigelbe | 80 g Sahnequark (40%) | Salz | Pfeffer | frisch geriebene Muskatnuss

Für 4 Personen | 60 Min. Zubereitung
Pro Portion ca. 375 kcal, 13 g EW, 19 g F, 38 g KH

1 Die Milch erhitzen. Das Toastbrot entrinden, würfeln und in lauwarmer Milch einweichen. Die Butter schaumig rühren. Die Eier mit den Eigelben untermischen. Quark zugeben und alles gut mit der Brotmasse vermengen. Mit Salz, Pfeffer und Muskat abschmecken. In einem Topf Salzwasser aufkochen.

2 Die Teigmasse zu zwei ca. 3 cm dicken Rollen formen und zuerst in Klarsicht-, dann in Alufolie (oder in ein sauberes Küchentuch) einrollen. Enden gut verschließen und die Rolle in kochendes Wasser legen. Bei kleiner Hitze zugedeckt 30–35 Min. ziehen lassen. Die Rolle aus dem Topf heben, auswickeln und in Scheiben schneiden.

für Kenner

Salonbeuschel

Dieses verfeinerte Ragout von Kalbslunge & Herz machte die altösterreichische Alltagsspeise einst »salonfähig«.

1 Kalbslunge (Rohgewicht ca. 800 g)
½ Kalbsherz
1 Zwiebel | 50 g Knollensellerie | 2 Möhren
1 Lorbeerblatt | 5 schwarze Pfefferkörner
1 Thymiansträußchen | Salz

Für das Salonbeuschel

1 Zwiebel | 1 Knoblauchzehe
1 Bio-Zitrone
1 TL Kapern | 1 Sardelle in Öl
40 g Butterschmalz
30 g Mehl
1 EL gehackte Petersilie
400 ml Rinderbrühe (ersatzweise Instantbrühe)
1 Msp. getrockneter Majoran
½ TL Zucker | 1 TL Essig | ½ TL Senf
Salz | Pfeffer
3 EL saure Sahne | 3 EL Sahne
Zitronensaft zum Abschmecken

Für 4 Personen | ⌚ 3 Std. Wässern
ca. 2 Std. 30 Min. Kochen | 1 Std. Zubereitung
Pro Portion ca. 375 kcal, 39 g EW, 21 g F, 8 g KH

1 Kalbslunge außen und innen gut waschen, Speiseröhre und eventuelle Blutreste entfernen und große Blutgefäße wegschneiden. Lunge in kaltem Wasser ca. 3 Std. wässern und spülen. Dabei mehrmals mit der Messerspitze anstechen, damit der Kochsud eindringen kann. Kalbsherz ebenfalls gründlich waschen. Ca. 2 l Wasser in einem sehr großen Topf (Lunge vergrößert sich anfangs) erhitzen.

2 Die Zwiebel schälen. Das Wurzelgemüse waschen, putzen, in grobe Stücke teilen und mit den Gewürzen, Kalbslunge, -herz und Salz in den Topf geben. Zugedeckt bei mittlerer Hitze ca. 90 Min. kochen, die Lunge nach der Hälfte der Kochzeit wenden. Kalbslunge aus dem Sud nehmen und in kaltem Wasser auskühlen lassen.

3 Das Herz weitere 30 Min. garen, bis es weich ist. Aus dem Sud nehmen und mit kaltem Wasser abschrecken. Den Sud offen weitere 30 Min. einkochen und dann 300 ml davon abmessen und beiseite stellen. Ausgekühlte Lunge und Herz zuerst in feine Scheiben, dann in feine Streifen schneiden.

4 Zwiebel und Knoblauch schälen und fein würfeln. Die Zitrone heiß waschen, abtrocknen, ½ TL Schale abreiben und mit den Kapern und Sardellenfilet fein hacken. In einem Topf Butterschmalz erhitzen und Mehl darin hellbraun anschwitzen. Alle vorgenannten Zutaten mit der Petersilie darin ca. 1 Min. anbraten. Mit dem aufbewahrten Kochsud und 400 ml Rinderbrühe ablöschen. Bei mittlerer Hitze ca. 20 Min. zugedeckt kochen.

5 Lungen- und Herzstreifen, sowie Majoran, Zucker, Essig, Senf, Salz und Pfeffer zugeben und bei kleiner Hitze ca. 20 Min. garen. Saure und süße Sahne einrühren. Nochmals 10 Min. köcheln lassen. Mit Zitronensaft abschmecken und anrichten. Dazu passen Semmel- oder Serviettenknödel (S. 33).

für Wildfans | gelingt leicht

Rehmedaillons im Speckhemd

Die Speckhülle verhindert das Austrocknen und verleiht zusätzliches Aroma.

8 Rehmedaillons (à 90 g)
Salz | frisch gemahlener Pfeffer
8 dünne Scheiben Frühstücksspeck
1 EL Öl | 1 EL Butter
1 Zweig Thymian
400 ml Wildfond (ersatzweise Instantbrühe)
1 EL trockener Rotwein | 1 TL Mehl

Für 4 Personen | 40 Min. Zubereitung
Pro Portion ca. 650 kcal, 57 g EW, 38 g F, 5 g KH

1 Die Medaillons salzen, pfeffern und mit je einer Scheibe Speck umwickeln. Mit Küchengarn fixieren. Backofen auf 80° vorheizen. Öl und Butter in einer Pfanne erhitzen. Die Medaillons darin bei mittlerer Hitze von allen Seiten insgesamt 5–8 Min. braten. In Alufolie wickeln und im Ofen (Mitte, Umluft 60°) in 20 Min. fertig garen.

2 Den Thymianzweig in die Pfanne mit dem Bratensatz geben, mit Wildfond ablöschen und ca. 15 Min. bei mittlerer Hitze einkochen. Thymianzweig entfernen. Rotwein mit Mehl verquirlen, mit einem Schneebesen unter die Sauce rühren und kurz aufkochen lassen. Mit Salz und Pfeffer abschmecken.

3 Die Medaillons aus dem Backofen nehmen, Küchengarn entfernen, eventuell halbieren und anrichten. Nach Belieben pfeffern und mit der Sauce übergießen. Dazu passen Kroketten und Rotkraut (S. 42) oder Feldsalat (S. 23).

Altwiener Spezialität

Gerollter Kalbsnierenbraten

Diesen gefüllten Braten bereitet Ihnen der Metzger auf Bestellung vor.

500 g Kalbsknochen (fein gehackt)
1,5 kg gerollter Kalbsnierenbraten (vom Metzger vorbereitet)
Salz | Pfeffer
4 EL Öl | 1 TL Mehl

Für 6 Personen
15 Min. Zubereitung | 90 Min. Garen
Pro Portion ca. 405 kcal, 66 g EW, 24 g F, 2 g KH

1 Backofen auf 220° vorheizen. Knochen am Boden einer Kasserolle verteilen. Den Braten mit der schönen Seite nach unten daraufsetzen, salzen, pfeffern, mit Öl beträufeln und in den Ofen (Mitte, Umluft 200°) geben.

2 Den Braten nach und nach mit dem austretenden Bratensaft übergießen. Nach Bedarf Wasser unter das Fleisch gießen (nie darüber). Backofen nach 20 Min. auf 200° (Umluft 180°) zurückschalten. Den Braten nach 45 Min. wenden und nochmals 45 Min. garen, danach aus der Kasserolle nehmen, in Alufolie wickeln und ruhen lassen.

3 Die Kasserolle bei mittlerer Hitze auf den Herd stellen. Die Knochen mit Mehl bestäuben, 3 Min. unter ständigem Rühren bei großer Hitze anbraten. Mit 300 ml Wasser ablöschen und 10 Min. reduzierend einkochen lassen, durch ein Sieb gießen, dabei die Sauce auffangen. Den Braten in Scheiben schneiden und mit der Sauce servieren. Dazu passen Reis und Gemüse.

oben: Rehmedaillons im Speckhemd | unten: Gerollter Kalbsnierenbraten

Traditionsgericht zum Martinstag

Martinigansl

Dieses Rezept stammt von Christoph Wagner, Österreichs prominentem Restaurantkritiker, Schriftsteller und Verfechter der gepflegten Wirtshauskultur.

1 kleine Gans (ca. 3 kg)
Salz | frisch gemahlener Pfeffer
je 1 EL getrockneter Majoran und Beifuß
Für die Füllung
10 Esskastanien (ersatzweise vakuumverpackte, vorgegarte Maronen)
3 altbackene Brötchen | 250 ml Milch
250 g Gänseleber | 1 EL Butter | 3 Eier (Größe M)
Semmelbrösel nach Bedarf | 1 EL Mehl

Für 6 Personen
⏱ 40 Min. Zubereitung | 3 Std. 15 Min. Garen
Pro Portion ca. 1275 kcal, 61 g EW, 104 g F, 24 g KH

1 Backofen auf 180° vorheizen. Esskastanien an der bauchigen Seite kreuzweise einschneiden und auf einem Blech 20 Min. im Backofen (Mitte, Umluft 160°) backen. Inzwischen die Gans waschen und mit Küchenpapier trockentupfen. Innen und außen mit Salz, Pfeffer, Majoran und Beifuß würzen. Die Haut rundum mit einem Metallspieß einstechen, damit das Fett besser austreten kann.

2 Die Kastanien aus dem Ofen nehmen, die Temperatur im Backofen auf 220° erhöhen. Für die Füllung die Brötchen in grobe Stücke schneiden und in der Milch einweichen. Die Kastanien schälen und klein schneiden. Die Leber durch den Fleischwolf drehen oder klein würfeln.

3 Butter in einer Pfanne erhitzen, die eingeweichten Brötchen gut ausdrücken, in die Pfanne geben, andünsten und herausnehmen. In einer Schüssel mit Leber, Kastanienwürfeln, Eiern und etwas Salz vermischen. Nach Bedarf Semmelbrösel zugeben falls die Füllung zu wenig kompakt ist.

4 Die Füllung in die Bauchhöhle der Gans geben, mit Küchengarn zunähen oder mit zwei Rouladennadeln verschließen (Bild 1). Ca. 1,5 cm hoch heißes Wasser in eine große Bratenpfanne füllen, Gans mit der Brust nach unten hineinlegen und 15 Min. im Ofen bei 220° (Mitte, Umluft 200°) braten.

5 Den Backofen auf 180° (Umluft 160°) zurückschalten. Die Gans im eigenen Saft 3 Std. braten, nach der Hälfte der Bratzeit wenden. Regelmäßig mit dem austretenden Bratensaft begießen. Bei Bedarf etwas heißes Wasser untergießen. Gegen Ende der Bratzeit sollte die Flüssigkeit vollständig verdampft sein.

6 Die Gans aus der Pfanne nehmen und die Backofentemperatur auf 220–250° erhöhen (Grill zuschalten). Die Füllung vorsichtig entfernen und warm stellen. Die Gans in 4 Teile tranchieren (Bild 2), auf ein Blech legen und im Backofen weitere 5–10 Min. braten, bis die Haut knusprig ist.

7 Inzwischen mit einem Küchenpapier den Bratenrückstand in der Pfanne vom Fett befreien, auf den Herd stellen, mit Mehl bestäuben und mit 250 ml Wasser oder Brühe aufgießen. Unter Rühren zu einer sämigen Sauce reduzieren. Durch ein Sieb gießen und zu Gans und Füllung servieren.

1

2

3

deftig | gelingt leicht

Teilsames mit Kraut

1 kg geräucherte Schweineschulter oder -schinken
600 g Sauerkraut (frisch oder aus der Dose)
1 Zwiebel | 2 EL Schmalz
125 ml Apfelsaft
2 Wacholderbeeren | 1 Lorbeerblatt
100 g geräucherter Bauchspeck

Für 4 Personen | 20 Min. Zubereitung
90 Min. (Fleisch) bzw. 45 Min. (Kraut) Garen
Pro Portion ca. 515 kcal, 59 g EW, 26 g F, 11 g KH

1 In einem großen Topf ca. 2,5 l Wasser aufkochen. Die geräucherte Schweineschulter einlegen – sie soll vollständig bedeckt sein. Bei kleiner Hitze insgesamt 90 Min. zugedeckt garen lassen.

2 Inzwischen das Sauerkraut kalt waschen, Dosensauerkraut abgießen. Die Zwiebel schälen und würfeln. In einem Topf Schmalz erhitzen und die Zwiebel darin glasig dünsten. Mit 300 ml Kochwasser vom Teilsamen und Apfelsaft aufgießen. Sauerkraut, leicht zerdrückte Wacholderbeeren und Lorbeer zugeben und 45 Min. bei mittlerer Hitze köcheln.

3 Die Schwarte vom Speck abschneiden, Speck würfeln, in einer Pfanne bei niedriger Hitze langsam auslassen und zum Kraut geben. Lorbeerblatt und Wacholderbeeren entfernen. Das Fleisch aus dem Topf heben, in Scheiben schneiden und mit Kraut und Grießknödeln (S. 41) anrichten.

VARIANTE – PAPRIKAKRAUT

Für Paprikakraut 3 TL edelsüßes Paprikapulver mitdünsten und mit 125 g saurer Sahne verfeinern.

preiswert | Klassiker

Grießknödel

1 Schalotte
2 EL Butter
100 g Hartweizengrieß
250 ml Milch
Salz
1 Msp. frisch geriebene Muskatnuss
1 Ei + 1 Eigelb (Größe M)

Für 8 mittelgroße Knödel | 20 Min. Zubereitung
20 Min. Ruhen | 10–15 Min. Garen
Pro Portion ca. 100 kcal, 4 g EW, 5 g F, 10 g KH

1 Die Schalotte fein würfeln, Butter erhitzen und Schalottenwürfel darin glasig dünsten. Den Grieß unter Rühren zugeben und kurz anschwitzen. Die Milch zugießen. Mit Salz und Muskatnuss würzen und so lange weiterrühren, bis eine kompakte Masse entstanden ist, die sich vom Topf löst.

2 Die Masse etwas abkühlen lassen. Ei und Eigelb einarbeiten und 20 Min. kalt stellen. Hände anfeuchten und aus der Masse 8 Knödel formen. In einem Topf Salzwasser zum Kochen bringen.

3 Die Knödel hineingeben und offen bei kleiner Hitze ca. 13 Min. schwach wallend ziehen lassen. Die Knödel aus dem Wasser heben und abtropfen lassen.

TIPP – KNÖDEL IN NUSSBRÖSEL WÄLZEN

Dazu 2 EL Butter in einer Pfanne aufschäumen. 100 g gemahlene Walnüsse und 2 EL Semmelbrösel zugeben und kurz durchrösten. Die Knödel gut abtropfen lassen und in den Nussbröseln wälzen.

oben: Teilsames mit Kraut | unten: Grießknödel

pikant

Rotkraut

Die süß-saure Note dieser Gemüsebeilage macht sich besonders passend zu Wildgerichten jeder Art.

1 kg Rotkohl | 1 Apfel | Salz | 60 g Zucker | ½ Zimtstange | 8 Gewürznelken | 200 ml Rotwein | 1 Zwiebel | 50 g Butter | 150 ml Apfelsaft | 3–4 EL Preiselbeermarmelade | Salz | Pfeffer

Für 6 Personen | 20 Min. Zubereitung
12 Std. Marinieren | 1 Std. Garen
Pro Stück ca. 205 kcal, 2 g EW, 7 g F, 26 g KH

1 Den Rotkohl waschen, vierteln, Strunk entfernen und fein hobeln. Den Apfel schälen, Kerngehäuse entfernen und fein würfeln. Kohl und Apfelwürfel mit Salz, Zucker, Zimt, Nelken und Rotwein mischen und über Nacht zugedeckt ziehen lassen.

2 Zwiebel schälen und würfeln. Butter in einem Topf erhitzen. Zwiebel darin andünsten, Kraut zugeben und bei mittlerer Hitze zugedeckt 50 Min. dünsten. Nach Bedarf etwas Wasser zugeben.

3 Zimtstange und Nelken entfernen. Den Apfelsaft zum Kraut geben und weitere 10 Min. köcheln. Vor dem Servieren die Preiselbeermarmelade untermischen und mit Salz und Pfeffer würzen.

VARIANTEN FÜR JEDEN GESCHMACK

Erst das Zusammenspiel von Süße und Säure macht das Rotkraut interessant. Vor dem Servieren noch einmal ganz nach Geschmack mit Apfelsaft, frisch gepresstem Orangensaft abschmecken.

gesund | kalorienarm

Süßkraut

1 kg Weißkohl | 1 mittlere Zwiebel | 40 g Zucker | 60 g Butter | 1 TL Essig | Salz | 1 TL Kümmelsamen 1 Kartoffel

Für 4 Personen
15 Min. Zubereitung | 30 Min. Garen
Pro Portion ca. 225 kcal, 3 g EW, 13 g F, 23 g KH

1 Den Kohl waschen, halbieren, den Strunk entfernen und in feine Streifen schneiden. Die Zwiebel schälen und fein würfeln. Den Zucker in einem Topf goldgelb schmelzen lassen. Butter, Zwiebelwürfel und Kohl zugeben und ca. 10 Min. mitgaren. Ab und zu umrühren.

2 Mit Essig, Salz und 50 ml Wasser ablöschen. Die Kümmelsamen zugeben und zugedeckt in ca. 30 Min. weich garen. Zwischendurch gelegentlich umrühren und nach Bedarf etwas Wasser nachgießen. Für eine leichte Bindung 15 Min. vor Ende der Garzeit eine rohe Kartoffel zum Kohl reiben und untermischen.

gelingt leicht | vegetarisch

Kürbisgemüse

1 kg Speisekürbis | Salz | 2 große Zwiebeln | 50 g Butter | 1 TL rosenscharfes Paprikapulver | 1 EL Essig | 1 Knoblauchzehe | 60 g saure Sahne | Pfeffer | 1 EL frisch gehackter Dill

Für 4 Personen | 40 Min. Zubereitung
Pro Portion ca. 170 kcal, 3 g EW, 12 g F, 12 g KH

1 Kürbis schälen, Kerne und Fasern entfernen, in feine Streifen schneiden, salzen, durchmischen und 15 Min. ziehen lassen. Zwiebeln schälen, würfeln und in Butter hellbraun andünsten. Paprikapulver zugeben, rasch verrühren und mit Essig ablöschen. Kürbisgemüse gut ausdrücken und dazugeben.

2 Die Knoblauchzehe schälen, zum Gemüse pressen und bei mittlerer Hitze zugedeckt ca. 10 Min. garen. Saure Sahne zum Gemüse geben und in weiteren 10 Min. weich garen. Mit Salz, Pfeffer und Dill abschmecken. Passt gut zu gekochtem Rindfleisch.

1

2

3

4

5

Spezialität aus Kärnten

Kärntner Kasnudel

So mancher Auslandskärntner behauptet, von seiner Heimat die Kärntner Nudel am meisten zu vermissen. Eine Köstlichkeit mit »Suchtpotenzial« …

Für den Teig
500 g Mehl
1 Ei (Größe M)
1 EL Öl
Salz

Für die Füllung
100 g altbackene Brötchen
200 g saure Sahne
2 Stängel Pfefferminze
2 Stängel Kerbelkraut
50 g Butter | 350 g Magerquark
Salz | Pfeffer

Außerdem
200 g Butter | 1/4 Bund Schnittlauch

Ca. 30 Stück
75 Min. Zubereitung | 30 Min. Ruhen
Pro Kasnudel ca. 150 kcal, 4 g EW, 8 g F, 15 g KH

1 Für den Teig das Mehl haufenförmig auf die Arbeitsfläche geben. In die Mitte eine Mulde drücken. Ei, Öl, 1 TL Salz und ca. 150 ml warmes Wasser in die Mulde geben und mit dem Mehl verkneten, bis ein mittelfester Teig entstanden ist. Teig in eine Schüssel geben und mit einem feuchten Tuch abgedeckt 30 Min. ruhen lassen (Bild 1).

2 Die Brötchen in kleine Würfel schneiden und mit der sauren Sahne vermengen. Kräuter abbrausen, trockenschütteln, Blätter abzupfen und hacken. Butter in einer Pfanne schmelzen, Kräuter ca. 1 Min. darin schwenken und alles über die Semmelmasse gießen. Den Quark mit der Füllmasse vermischen und diese kräftig salzen und pfeffern (Bild 2).

3 Den Teig auf einer bemehlten Arbeitsfläche ca. 1,5 mm dünn ausrollen. Mit einer runden Form (∅ ca. 10 cm) Kreise ausstechen und jeweils 1 guten TL Füllung auf die Hälfte geben (Bild 3).

4 Die Nudel zu Halbkreisen zusammenklappen. Teigränder gut andrücken – in Kärnten nennt man das »krendeln«: dafür den doppelten Teigrand von links nach rechts immer wieder zwischen Daumen und Zeigefinger zusammendrücken, etwas herausziehen und zur Hälfte einklappen (Bild 4). Schnittlauch abbrausen, trocknen und fein schneiden.

5 In einem großen Topf reichlich Salzwasser zum Kochen bringen und die Teigtaschen darin bei kleiner Hitze ca. 12 Min. kochen. Inzwischen die Butter in einem Topf langsam schmelzen und braun werden lassen. Die Taschen aus dem Wasser nehmen, abtropfen lassen. Mit je ca. 1 EL brauner Butter beträufeln und mit Schnittlauch bestreut servieren.

TIPP – EINFRIEREN

Da die Herstellung dieser Spezialität etwas Zeit benötigt, am besten gleich mehrere Portionen zubereiten, kochen, mit kaltem Wasser abschrecken und nebeneinander liegend einfrieren. Später kann man die Nudeln dann in einen Gefrierbeutel umfüllen. Bei Bedarf einfach in kochendem Wasser erwärmen oder in Butterschmalz knusprig frittieren.

gesund | kalorienarm

Wurzelkarpfen

Bedingt durch das Abfischen der Teiche ist von September bis April Karpfenzeit. Die Gattung Spiegelkarpfen eignet sich gut für dieses Gericht.

2 mehlig kochende Kartoffeln
Salz | 2 Möhren
150 g Knollensellerie
8 Karpfenfilets à 100 g, vom Fischhändler geschuppt und geschröpft (Haut eingeschnitten)
frisch gemahlener Pfeffer
Saft von ½ Zitrone
250 ml Fischfond (aus dem Glas)
50 ml trockener Weißwein
80 g Sahne | 50 g eisgekühlte Butter
¼ Bund Schnittlauch
2 EL frischer Meerrettich (ersatzweise Meerrettich aus dem Glas)

Für 4 Personen | 40 Min. Zubereitung
Pro Portion ca. 480 kcal, 39 g EW, 28 g F, 13 g KH

1 Die Kartoffeln schälen, vierteln und in Salzwasser 20 Min. garen. Die Möhren und den Sellerie schälen und mit Hilfe eines Sparschälers oder Gemüsehobels in feine Streifen schneiden.

2 Die Karpfenfilets waschen, trockentupfen, salzen, pfeffern und mit Zitronensaft beträufeln. Den Fischfond mit dem Wein in einer großen Pfanne erhitzen. Die Filets nebeneinander in die Pfanne legen und bei kleiner Hitze in 8 Min. garen lassen.

3 Einen Topf mit Salzwasser zum Kochen bringen und die Wurzelgemüsestreifen darin in ca. 3–6 Min. bissfest dünsten. Durch ein Sieb gießen und mit kaltem Wasser abschrecken.

4 Die Karpfenfilets aus der Pfanne nehmen und zugedeckt warm stellen. Die gekochten Kartoffeln und die Sahne zum Fischsud geben und mit dem Stabmixer pürieren. Ca. 10 Min. einkochen lassen.

5 Die Gemüsestreifen im Sud erwärmen. Die kalten Butterstückchen im nicht mehr kochenden Sud schmelzen. Mit Salz und Pfeffer abschmecken.

6 Den Schnittlauch abbrausen, trockenschütteln und fein schneiden. Den Meerrettich schälen und reiben. Die Karpfenfilets in Suppentellern anrichten und mit der Sauce begießen. Meerrettich und Schnittlauch darüberstreuen.

BEILAGEN-TIPP

Damit es schneller geht, kochen Sie doch gleich 6 Kartoffeln, verwenden 2 für die Sauce und reichen die restlichen als Beilage.

VARIANTE – GESUNDE ABWECHSLUNG

Sie können für dieses Gericht jedes Wurzelgemüse nach Lust und Laune mischen. Probieren Sie auch einmal Pastinaken. Wenn Sie Gemüse wie Zucchini, Paprikastreifen, Kohlrabi, Lauch oder Mischgemüse verwenden, ist der Fisch zwar kein Wurzelkarpfen mehr, schmeckt aber auch sehr lecker. Entdecken Sie ihre ganz persönliche Lieblingskombination.

pikant | gesund

Lachs mit Sektkraut

600 g Weißkohl
300 ml Sekt | 3 TL Zucker | Salz
1 Zwiebel | 4 EL Butter
1 TL Kümmel
1 Kartoffel | 1 Apfel (z.B. Golden Delicious)
4 Lachsfilets (à 150 g, mit Haut)
frisch gemahlener Pfeffer | Saft von ½ Zitrone
1 EL Speisestärke | 1 EL Öl

Für 4 Personen
90 Min. Zubereitung | 1 Std. Marinieren
Pro Portion ca. 550 kcal, 33 g EW, 32 g F, 23 g KH

1 Kohl waschen, vierteln, Strunk entfernen, fein schneiden und in einer Schüssel mit Sekt, 1 TL Zucker und 1 EL Salz 1 Std. marinieren. Die Zwiebel schälen und würfeln. Restlichen Zucker in einem Topf schmelzen. 2 EL Butter zugeben und Zwiebelwürfel darin hell anbraten, Kohl ca. 2 Min. mitdünsten, mit der Marinade ablöschen, Kümmel zugeben und bei kleiner Hitze zugedeckt 45 Min. dünsten.

2 Die Kartoffel und den Apfel schälen, Kerngehäuse vom Apfel entfernen, beides zum Kraut reiben und untermischen. Nochmals 15 Min. köcheln. Lachsfilets waschen, trockentupfen, salzen, pfeffern und mit Zitronensaft beträufeln. Auf der Hautseite mit 1 EL Speisestärke bestäuben. Öl und restliche Butter in einer Pfanne erhitzen. Den Lachs bei geringer Hitze je nach Dicke 6–8 Min. auf der Hautseite braten. Wenden und 1 Min. weiterbraten. Mit dem Sektkraut anrichten.

TIPP

Das Sektkraut wird besonders lecker, wenn noch 100 g Sahne untergerührt werden.

schnell | gelingt leicht

Zander mit Kürbiskruste

80 g Butter
1 Eigelb
1 Knoblauchzehe
60 g Weißbrot
50 g Kürbiskerne
Salz | frisch gemahlener Pfeffer
4 Zanderfilets (à 150 g)
Saft von ½ Zitrone
1 TL Butter | 1 TL Öl

Für 4 Personen | 25 Min. Zubereitung
Pro Portion ca. 410 kcal, 35 g EW, 27 g F, 9 g KH

1 Für die Kruste Butter und Eigelb in einer Schüssel schaumig rühren. Die Knoblauchzehe schälen und dazupressen. Das Weißbrot entrinden, zerbröseln. Die Kürbiskerne hacken und beides unter die Butter-Ei-Masse mischen. Mit Salz und Pfeffer würzen.

2 Den Backofen auf 230° (wenn möglich Grill zuschalten) vorheizen. Zander waschen, trockentupfen, salzen, pfeffern und mit Zitronensaft beträufeln. Butter und Öl zusammen in einer Pfanne erhitzen und die Zanderfilets bei schwacher Hitze zuerst 3 Min. auf der Hautseite, dann 1 Min. auf der anderen Seite braten.

3 Die Filets in eine Auflaufform legen. Kürbiskernmasse vorsichtig darauf verteilen und glatt streichen. Im Ofen auf der oberen Schiene ca. 10 Min. gratinieren. Dazu passt Kartoffelsalat (S. 22).

oben: Zander mit Kürbiskruste | unten: Lachs mit Sektkraut

Österreichs Zuckerseiten

Dass maßvolle Naschereien durchaus einen nützlichen Gesundheitsbeitrag leisten können, scheint man in Österreich lange vor der modernen Wissenschaft entdeckt zu haben. Wie sonst hätten so viele »süße Österreicher« Weltruf erlangen können? Unsere verführerischen Klassiker sind zumeist fix gemacht und teilen den Teller gerne mit Vitaminlieferanten wie frischen Früchten oder pürierten Fruchtsaucen.

Grießflammeri mit Orangenfilets

2,5 Blatt Gelatine | 1 Bio-Zitrone | 1 Bio-Orange
375 ml Milch | 75 g Zucker | Salz
60 g Hartweizengrieß
5 EL Orangenlikör (z. B. Grand Marnier)
375 g Sahne
4 Orangen

Für 6–8 Personen
40 Min. Zubereitung | 5 Std. Kühlen
Pro Portion ca. 300 kcal, 5 g EW, 17 g F, 28 g KH

1 Die Gelatine in kaltem Wasser einweichen. Die Zitrusfrüchte heiß abwaschen, die Schale von jeweils einer halben Frucht abreiben und in einem Topf mit Milch, Zucker und einer Prise Salz aufkochen. Grieß nach und nach zugeben und unter Rühren 4 Min. kochen. Die Masse in eine Schüssel füllen.

2 Die Gelatine ausdrücken, in 3 EL erwärmtem Orangenlikör auflösen und mit der Grießmasse vermischen, handwarm abkühlen lassen. 375 g Sahne steif schlagen und nach und nach unterheben. Die Creme in beschichtete kleine Formen (oder mit kaltem Wasser ausgespülte Tassen) füllen und 5 Std. im Kühlschrank stocken lassen.

3 Zum Filetieren der Orangen die Schale mitsamt der weißen Haut abschälen. Mit einem scharfen Messer die Filets zwischen den Häuten keilförmig ausschneiden und mit 2 EL Orangenlikör mind. 1 Std. marinieren. Die Formen kurz in heißes Wasser tauchen und stürzen. Mit Orangenfilets garnieren.

TIPP

Wer's üppiger mag, schlägt 125 g Sahne steif und serviert die Schlagsahne zu den Flammeries.

Spezialität aus der Wachau

Wachauer Marillenknödel

Ursprünglich war Kartoffelteig die Basis dieser Aprikosen-Knödel. Heute werden sie bevorzugt mit Quarkteig zubereitet und sind ganz einfach gemacht.

Für den Quarkteig
80 g Butter (Zimmertemperatur)
2 Eier (Größe M)
500 g Quark (20 %)
300 g Hartweizengrieß
1 TL Salz
Für die Füllung
8 vollreife Aprikosen
8 Stück Würfelzucker
Für die Butterbrösel
100 g Butter
100 g Semmelbrösel
1 Päckchen Vanillezucker
1 Prise Salz | Zimtpulver
Puderzucker

Für 8 Stück | 30 Min. Zubereitung
30 Min Ruhen | 15 Min. Garen
Pro Portion ca. 455 kcal, 16 g EW, 24 g F, 44 g KH

1 Die Butter ca. 1 Stunde vor Arbeitsbeginn aus dem Kühlschrank nehmen. Die Eier trennen. Die Butter in einer Schüssel schaumig rühren und mit Quark, Eigelben, Grieß und Salz vermengen. Das Eiweiß zu Schnee schlagen und unter die Masse ziehen. Im Kühlschrank 30 Min. ruhen lassen.

2 Mit Hilfe eines Kochlöffelstils die Kerne aus den Aprikosen drücken, (ohne diese aufzuschneiden) und je ein Stück Würfelzucker in die Öffnung stecken (Bild 1).

3 Den Teig in 8 Teile portionieren. Teigportion in der angefeuchteten Hand flach drücken, eine Aprikose daraufsetzen und komplett mit Teig umhüllen (Bild 2). Zu glatten Knödeln formen.

4 Wasser in einem großen Topf zum Kochen bringen. Die Knödel hineingeben und bei kleiner Hitze 15 Min. köcheln lassen, bis die Knödel aufsteigen.

5 Inzwischen die Butter in einer Pfanne erhitzen, Semmelbrösel und Vanillezucker zugeben und bei schwacher Hitze unter Rühren ca. 3 Min. goldbraun rösten. Mit Salz und Zimtpulver verfeinern.

6 Die fertig gegarten Knödel mit einer Lochkelle aus dem Kochwasser heben, gut abtropfen lassen und vorsichtig in den Bröseln wälzen. Mit etwas Puderzucker bestreuen und rasch servieren.

VARIANTE – MARZIPANKERN

Füllen Sie die Aprikose anstelle des Würfelzuckers mit einer Kugel aus Marzipan. Für 8 Knödel benötigen Sie etwa 50 g Marzipanrohmasse.

VARIANTE – ERDBEERKNÖDEL

250 g Erdbeeren in ca. 5 mm große Würfel schneiden und mit 2 EL Erdbeermarmelade mischen. Masse in kleine Häufchen vorportionieren und auf einem Teller im Tiefkühlfach 2 Std. frosten. Danach lässt sich der Quarkteig leicht um die Erdbeermasse formen.

1

2

3

Altwiener Klassiker

Kaiserschmarrn

Unerwartete Gäste lassen sich mit diesem kaiserlichen Rezept verzaubern.

4 Eier (Größe M) | 180 g Mehl | 400 ml Milch
1 Päckchen Vanillezucker | 1 Prise Salz
1 Bio-Zitrone
60 g Zucker
40 g Butter
40 g Rosinen
2 EL Puderzucker

Für 4 Personen | 35 Min. Zubereitung
Pro Portion ca. 495 kcal, 15 g EW, 19 g F, 68 g KH

1 Den Backofen auf 200° vorheizen. Eier trennen. Mehl fein sieben. Die Milch mit Mehl, Vanillezucker und 1 Prise Salz verrühren. Die Zitrone heiß waschen, abtrocknen und die Schale der halben Zitrone abreiben und zugeben. Die Eigelbe unterziehen. 2 Eiweiße mit 30 g Zucker zu halbsteifem Schnee schlagen. ⅓ davon in den Teig rühren, Rest vorsichtig unterheben.

2 Die Butter in einer großen ofenfesten Pfanne erhitzen. Teig eingießen, gleichmäßig verteilen, die Rosinen einstreuen und ca. 1 Min. anbacken. Die Masse wenden (dazu evtl. vierteln) und im Backofen (Mitte, Umluft 180°) 8 Min. weiterbacken.

3 Die Pfanne aus dem Backofen nehmen. Den Schmarrn mit zwei Gabeln in Stücke reißen. In einer Pfanne den restlichen Zucker hell karamellisieren lassen. Den Schmarrn dazugeben, miteinander vermengen und ca. ½ Min. erhitzen. Mit Puderzucker bestäuben und warm servieren.

Salzburger Klassiker

Salzburger Nockerln

Diese feinste aller österreichischen Mehlspeisen wurde im 16. Jh. erstmals serviert.

1 EL Butter für die Form
4 EL Preiselbeermarmelade | 1 EL Rum
6 Eiweiße (von Größe M) | 1 Prise Salz
2 Päckchen Vanillezucker
2 EL Zucker | 4 Eigelbe (von Größe M)
3 EL Mehl
2 EL Puderzucker zum Bestäuben

Für 4 Personen | 40 Min. Zubereitung
Pro Portion 250 kcal, 10 g EW, 8 g F, 32 g KH

1 Den Backofen auf 200° vorheizen. Alle Zutaten und Geräte bereitstellen. Eine mittelgroße Auflaufform einfetten. Die Preiselbeermarmelade mit Rum verrühren und in die Form streichen.

2 Die Eiweiße mit Salz in einer sauberen Schüssel steif schlagen, nach und nach Vanillezucker und Zucker einrieseln lassen. Die Eigelbe locker unterheben. Das Mehl fein sieben und vorsichtig unterheben.

3 Mit einem großen Löffel Nocken aus der Masse heben und nebeneinander in die Form setzen. Im vorgeheizten Backofen (Mitte, Umluft 180°) 15–20 Min. goldgelb backen. Mit Puderzucker bestäuben und sofort servieren, damit das Soufflé nicht zusammenfällt.

UND DAZU?

Für Marillenröster 500 g Marillen (Aprikosen) entkernen und vierteln. Mit 150 g Zucker, 1 Päckchen Vanillezucker und 1 EL Zitronensaft 5–8 Min. köcheln lassen. Passt zu vielen Desserts, wie z.B. Grießflammeri (S. 51).

oben: Kaiserschmarrn | unten: Salzburger Nockerln

Hit für Kinder | geht schnell

Palatschinken

Mit Marmelade gefüllt und mit Zucker bestreut, wecken die dünnen Pfannkuchen seelige Kindheitserinnerungen.

Für den Teig

250 ml Milch
2 Eier (Größe M)
1 TL Zucker
1 Prise Salz
140 g Mehl
ca. 1 EL Butter zum Ausbacken
8 TL Marmelade (z.B. Johannisbeere, Himbeere)
Zucker oder Puderzucker zum Bestreuen

8 Stück | 4 Personen
20 Min. Zubereitung | 30 Min. Quellen
Pro Portion ca. 295 kcal, 9 g EW, 8 g F, 47 g KH

1 In einer Schüssel Milch, Eier, Zucker und Salz verrühren. Zuletzt das Mehl untermischen und ca. 30 Min. quellen lassen. Eine beschichtete Pfanne dünn mit Butter auspinseln und heiß werden lassen. Temperatur auf mittlere Hitze zurückschalten.

2 Ca. 1/8 des Teiges in die Pfanne gießen und durch rasches Hin- und Herschwenken gleichmäßig dünn verteilen. Ca. 1 Min. braten, bis sich die Unterseite vom Pfannenboden löst, wenden und in 1/2 Min. fertig braten. Fertige Palatschinken auf einen Teller stapeln und zugedeckt warm halten. Übrigen Teig ebenso verarbeiten, dabei vor jedem Palatschinken die Pfanne erneut mit wenig Butter fetten.

3 Vor dem Servieren mit Marmelade bestreichen, einrollen oder zusammenklappen und mit Zucker oder Puderzucker bestreuen.

VARIANTE – NUSSFÜLLUNG

200 g Milch mit 2 EL Honig und 50 g Zucker aufkochen lassen, 200 g gemahlene Haselnüsse einrühren und mit 3–4 EL Rum und Zimtpulver abschmecken, ca. 10 Min. quellen lassen. Auf die Palatschinken streichen und wie eine Schnecke fest zusammen rollen.

VARIANTE – APFEL-PALATSCHINKEN

In einem Topf 175 g Wasser, 100 g Zucker, 1/2 TL Zimtpulver und den Saft von 1 Zitrone unter Rühren zu einem dickflüssigen Sirup einkochen lassen. 500 g Äpfel schälen, Kerngehäuse entfernen, klein würfeln und zum Sirup geben. Unter Rühren kochen, bis die Äpfel karamellisieren. Auf den Palatschinken verteilen, aufrollen und warm servieren.

VARIANTE – ORANGEN-SAHNE-FÜLLUNG

250 g Schlagsahne mit 3 EL Puderzucker und 4 cl Rum steif schlagen. Die Filets von 2 Orangen unterheben und die Masse in die Palatschinken rollen.

VARIANTE – MIT VANILLEEIS & MANDELN

100 g Mandelblättchen in einer beschichteten Pfanne rösten. Eine Kugel Vanilleeis auf den Palatschinken setzen, zusammenklappen und mit Mandelblättchen und Schokosauce (Fertigprodukt) servieren.

TIPP – DIE RICHTIGE PFANNE

Auch eine unbeschichtete Pfanne lässt sich zum Backen von Palatschinken vorbereiten: Die Bratfläche mit etwas Pflanzenöl einreiben und erhitzen, bis es raucht. Abkühlen lassen und mit Küchenpapier abwischen. Vor dem Einsatz nur noch leicht einfetten.

Altwiener Strudelklassiker

Ausgezogener Apfelstrudel

Der unumstrittene Star der österreichischen Strudelküche schmeckt nach Wärme und Geborgenheit, kurz: nach Großmutters guter Stube.

Für den Strudelteig
300 g Mehl
3 EL Öl | 1 TL Salz
ca. 1 TL Öl zum Bestreichen
Für die Füllung
100 g Rosinen | 2 EL Rum
1 kg möglichst säuerliche Äpfel (z.B. Elstar oder Boskoop)
Saft von 1 Zitrone | 300 g Butter
100 g Biskuit- oder Semmelbrösel
50 g Zucker | 2 EL Vanillezucker
1 TL Zimtpulver nach Belieben | Puderzucker

Etwa 12 Portionen | 90 Min. Zubereitung
2 Std. Ruhen | 30–40 Min. Backen
Pro Portion ca. 430 kcal, 4 g EW, 25 g F, 47 g KH

1 Das Mehl fein sieben, mit 150 ml warmem Wasser, Öl und Salz in eine Schüssel geben und zu einem elastischen Teig verarbeiten (Bild 1). Den Teig zu einer Kugel formen, mit Öl bestreichen und in der zugedeckten Schüssel bei Zimmertemperatur mindestens 2 Std. ruhen lassen.

2 Ein großes Baumwolltuch (z.B. Geschirrtuch) in die Mitte des Tisches legen. Den Teig nicht mehr durchkneten und darauf möglichst rechteckig ausrollen (Bild 2). Die Hände mit den Handrücken nach oben (Ringe ausziehen!) unter den Teig schieben und diesen rundherum so dünn ausziehen, dass man durch ihn Zeitung lesen könnte (Bild 3).

3 Für die Füllung die Rosinen mit Rum vermischen und ziehen lassen. Die Äpfel schälen, vierteln, entkernen, in dünne Scheiben hobeln und mit Zitronensaft beträufeln. Butter zerlassen. Ausgezogenen Strudelteig mit ⅓ der Buttermenge bestreichen, ⅓ zur Seite stellen und im Rest die Semmelbrösel anrösten. Den Backofen auf 180° vorheizen.

4 Apfelscheiben, Brösel, Zucker, Vanillezucker, Rosinen und Zimt nach Belieben vermischen und auf ¾ des Teiges verteilen, dabei 4 cm Rand lassen. Seitliche Ränder einklappen und mit Hilfe des Tuches von der belegten Seite her einrollen (Bild 4).

5 Den Strudel mit der Teignaht nach unten auf ein mit Backpapier belegtes Blech setzen. Mit der restlichen flüssigen Butter bestreichen, Vorgang eventuell während des Backens wiederholen. Den Strudel im vorgeheizten Ofen (Mitte, Umluft 160°) 30–40 Min. backen. Vor dem Servieren mit Puderzucker besieben. Dazu passt Vanillesauce.

TIPP – SO GEHT'S LEICHTER

Wer den Teig vor dem Ruhen teilt, kann daraus später zwei kleine Strudel formen. Die handlicheren Mengen erleichtern das dünne Ausziehen. Noch einfacher und vor allem blitzschnell ist der Strudel mit fertigem Strudelteig aus dem Kühlregal gemacht. Dann ab Punkt 3 arbeiten.

1

2
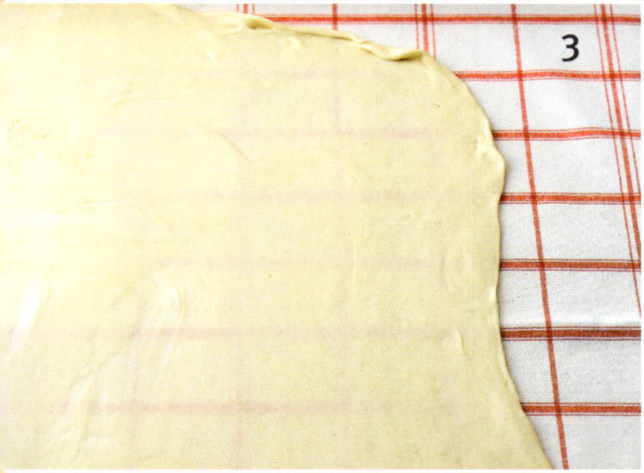
3

4

5

Zum Gebrauch
Damit Sie Rezepte mit bestimmten Zutaten noch schneller finden können, stehen in diesem Register zusätzlich auch beliebte Zutaten wie **Knödel** oder **Quark** – ebenfalls alphabetisch geordnet und **hervorgehoben** – über den entsprechenden Rezepten.

A

B/D

E

F

G/H

K

L/M

N/O/P

Q/R

S

T/U/V

W/Z

Unsere Garantie

Alle Informationen in diesem Ratgeber sind sorgfältig und gewissenhaft geprüft. Sollte dennoch einmal ein Fehler enthalten sein, schicken Sie uns das Buch mit dem entsprechenden Hinweis an unseren Leserservice zurück. Wir tauschen Ihnen den GU-Ratgeber gegen einen anderen zum gleichen oder ähnlichen Thema um.

Liebe Leserin und lieber Leser,

wir freuen uns, dass Sie sich für ein GU-Buch entschieden haben. Mit Ihrem Kauf setzen Sie auf die Qualität, Kompetenz und Aktualität unserer Ratgeber. Dafür sagen wir Danke! Wir wollen als führender Ratgeberverlag noch besser werden. Daher ist uns Ihre Meinung wichtig. Bitte senden Sie uns Ihre Anregungen, Ihre Kritik oder Ihr Lob zu unseren Büchern. Haben Sie Fragen oder benötigen Sie weiteren Rat zum Thema? Wir freuen uns auf Ihre Nachricht!

Wir sind für Sie da!
Montag – Donnerstag: 8.00 – 18.00 Uhr;
Freitag: 8.00 – 16.00 Uhr
Tel.: 0180 - 5 00 50 54*
Fax: 0180 - 5 01 20 54*
*(0,14 €/Min. aus dem dt. Festnetz/ Mobilfunkpreise können abweichen)
E-Mail:
leserservice@graefe-und-unzer.de

P.S.: Wollen Sie noch mehr Aktuelles von GU wissen, dann abonnieren Sie doch unseren kostenlosen GU-Online-Newsletter und/oder unsere kostenlosen Kundenmagazine.

GRÄFE UND UNZER VERLAG
Leserservice
Postfach 86 03 13
81630 München

© 2007
GRÄFE UND UNZER VERLAG GmbH, München

Alle Rechte vorbehalten. Nachdruck, auch auszugsweise, sowie die Verbreitung durch Film, Funk, Fernsehen und Internet, durch fotomechanische Wiedergabe, Tonträger und Datenverarbeitungssysteme jeglicher Art nur mit schriftlicher Genehmigung des Verlages.

Programmleitung: Doris Birk
Leitende Redakteurin: Birgit Rademacker
Redaktion: Tanja Dusy
Lektorat: Dagmar Reichel
Layout, Typografie und Umschlaggestaltung: independent Medien-Design, München
Satz: Liebl Satz+Grafik, Emmering
Herstellung: Petra Roth
Reproduktion: Penta Repro, München
Druck: Firmengruppe APPL, aprinta druck, Wemding
Bindung: Firmengruppe APPL, sellier druck, Freising

ISBN 978-3-8338-0865-4

2. Auflage 2008

Die Autorin

Karin Hauenstein-Schnurrer bekennt sich gerne zu ihrer Wahlheimat Österreich und zur genussvollen Lebensfreude. Neben ihrer freiberuflichen Arbeit als Texterin, Journalistin und Autorin steht sie im Dienste einiger Hotel- und Restaurantführer.

Der Fotograf

Jörn Rynio zählt zu seinen Auftraggebern internationale Zeitschriften, namhafte Buchverlage und Werbeagenturen. Mit einer großen Portion Kreativität und appetitanregendem Styling setzt der Hamburger Fotograf Food-Spezialitäten aus aller Welt stimmungsvoll in Szene. Tatkräftig unterstützt wird er dabei von seinen Stylisten Petra Speckmann und Herrmann Rottmann (Food) und Michaela Suchy (Requisite).

Titelbildrezept

Klassisches Rindergulasch (Variante, Fiakergulasch), Seite 30, und Topfen-Serviettenknödel, Seite 33.

Die Temperaturangaben bei Gasherden variieren von Hersteller zu Hersteller. Welche Stufe Ihres Herdes der jeweils angegebenen Temperatur entspricht, entnehmen Sie bitte der Gebrauchsanweisung. Bei Elektroherden können die Backzeiten je nach Herd variieren.

GRÄFE UND UNZER

Ein Unternehmen der
GANSKE VERLAGSGRUPPE

Kochlust pur

Preis je Band: 7,50 €

Die neuen KüchenRatgeber – da steckt mehr drin

ISBN 978-3-8338-0302-4
64 Seiten

ISBN 978-3-8338-0318-5
64 Seiten

ISBN 978-3-8338-0677-3
64 Seiten

ISBN 978-3-8338-0310-9
64 Seiten

ISBN 978-3-8338-0864-7
64 Seiten

ISBN 978-3-8338-0309-3
64 Seiten

Änderungen und Irrtum vorbehalten

Das macht sie so besonders:

- **Neue mmmh-Rezepte** – unsere beste Auswahl für Sie
- **Praktische Klappen** – alle Infos auf einen Blick
- **Die 10 GU-Erfolgstipps** – so gelingt es garantiert

GU

Willkommen im Leben.

küchengötter.de
powered by GU

Einfach göttlich kochen und himmlisch speisen?
Die passenden Rezepte, Küchentipps und -tricks
in Wort und Film finden Sie ganz einfach unter:
www.küchengötter.de

Lust auf **Wein aus Österreich?**

Derzeit werden in Österreich die besten Weine gekeltert, die es dort je gab. Probieren Sie mal!

Einmalige Charakterweine

Nach dem Glykolskandal von 1985 veränderte sich die österreichische Weinkultur innerhalb von nur einer Generation so nachdrücklich zu ihrem Vorteil, wie kaum anderswo in Europa. Während vorher einzig die burgenländischen Süßweine Weltruf genossen, machen heute wunderbare Weißweine und beachtenswerte Rotweine aus allen Weinbauregionen auf sich aufmerksam. Da ist es fast schade, dass dieses kleine Land nur geringe Mengen produzieren kann. Umso besser, dass Deutschland als wichtigstes Exportland der österreichischen Winzer, bevorzugt in den Genuss kommt. Trotzdem: Die besten Weine verlassen ihre Heimat nur ungern, weshalb sich die Reise zu den Nachbarn immer lohnt.

Alle bedeutenden Weinbauregionen liegen im Osten Österreichs, wo das Klima die Rebsorten voll ausreifen lässt. Dabei konzentrieren sich die Qualitätswinzer mittlerweile ganz bewusst auf genau die Rebsorten, die in ihrer Region die besten Resultate erzielen. Im nördlichen Burgenland entstehen große Süßweine, im südlichen kraftvolle Weine der Rebsorte Blaufränkisch, sowie spannende Cuvées. Niederösterreich produziert Grüne Veltliner von Weltruf und sehr wenige, aber erstklassige Rieslinge. In der Steiermark beleben die hohen Temperaturunterschiede zwischen Tag und Nacht vorzugsweise trinkfreudige Sauvignon Blancs, Chardonnays, Traminer und Welschrieslinge mit viel Finesse. Gemessen am Weltmarkt, darf man alle diese Weine als Rarität betrachten – und genießen!

Welcher Wein zu welchem Essen?

Die erste gute Nachricht: Erlaubt ist alles, was schmeckt. Was aber harmoniert miteinander, wenn man die Kombination vor dem Essen nicht ausprobieren kann? – Ganz einfach: Weil sich Essen und Trinken im Zusammenspiel kaum anders verhalten, als menschliche Paare, gibt es Eigenschaften und Charaktere, die sich hervorragend, weniger gut, oder eben gar nicht vertragen. Hier einige Tipps für Ihre Einkaufs- und Menüplanung: Zarter Geschmack verlangt grundsätzlich nach einem leichten Wein, kräftiger Geschmack nach einem körper- und alkoholreicheren Begleiter. Ein prinzipiell harmonisches Duo bilden säurebetonte, salzige, oder eher bittere Speisen mit halbtrockenen, bzw. fruchtsüßen Weinen, die natürlich durchaus trocken ausgebaut sein können. Ein körperreicher Rotwein passt zu einem salzigen Gericht oft sehr gut. Zu deftiger Hausmannskost, wie Braten oder Brettljause (S. 65) empfiehlt sich als »Fettlöser« ein Wein mit eher rassiger Säurestruktur wie z.B. Welschriesling oder die eigenwillige Roséspezialität Schilcher aus der Weststeiermark. Auch ein in Barrique ausgebauter Wein wirkt auf Fette neutralisierend. Schwer wird die Weinauswahl bei Süßspeisen. Süß und süß ist o.k., aber nicht immer eine Offenbarung. War diese Tatsache etwa Auslöser der österreichischen Kaffeekultur? Nahezu immer passt zur traditionellen österreichischen Küche bestens ein Grüner Veltliner mit seiner fruchtig-würzigen Note. Und zum Gulasch schmeckt ein Bier. Zum Wohl!